무아의 새벽

무아의
새벽

조홍길 지음

한국학술정보

들어가는 말

사람의 생애주기를 바라보는 동서양의 관점은 서로 비슷한 점도 있고 다른 점도 있다. 인간이라면 누구나 태어나서 성장하며 늙고 병들어 죽기 마련이다. 이것은 동서양의 차이가 없다. 사람의 생애주기를 바라보는 동서양의 관점도 기본적으로 이런 사실에 바탕을 둔다. 그렇기 때문에 그것은 당연히 서로 비슷할 수밖에 없을 것이다. 그 반면에 동서양의 문화 차이로 말미암아 사람의 생애주기를 바라보는 관점은 사뭇 다를 수 있다.

생애주기에 관해서는, 서양에서는 20세기의 미국 심리학자인 에릭슨의 학설이 대표적이고 동양에서는 2000년 전 고전인 『황제내경』에 나오는 기백의 학설이 대표적이다. 그러므로 여기서는 이 두 학설을 비교해보자.

에릭슨은 프로이트의 정신분석학을 계승하여 그것을 사회학과 인류학으로 확장함으로써 심리사회학에 큰 공헌을 하였다. 그는 『유년기와 사회』, 『정체성과 생애주기』 등에서 인간의 생애를 여덟 단계로 다음과 같이 나누었다: 영아기(嬰兒期) → 유아(幼兒)초기 → 유희기 → 학령기 → 청년기 → 어린 성인(成人) → 성인기(成人期) → 성숙기. 그는 자아 정체성의 기준에 따라 이렇게 나누었다. 그에 따르면 사람의 자아 정체성은 일생에 걸쳐 끊임없는 위기를 겪으면서 서사적으로 형성된다. 유아기에 자아 정체성은 형성되기 시작하다가 청년기에 큰 위기를 겪고 이 위기가 극복되면 성인기에서 성장하여 노인의 성숙기에 완성된다.

『황제내경』에서는 에릭슨과 달리 생명력이라는 기준에 따라 생애주기를 나누었다. 여자는 7년을, 남자는 8년을 생애주기로 삼았는데 여자는 49세에, 남자는 64세에 타고난 정기가 다 소진된다고 보았다. 여기서는 남자의 경우만 살펴보자.

> 남자는 8세에 신기(腎氣)가 충실해져서 머리카락이 길어지고 이빨이 다시 난다. 16세에는 신기가 왕성해져서 천계(天癸, 성호르몬)에 이르러 정기가 넘쳐흐른다. 24세에는 신기가 균형을 잡아 근골이 튼튼해지고... 32세에는 근골이 융성하고 살이 풍만해진다. 40세에는 신기가 쇠해져서 머리카락이 빠지기 시작하고 이빨이 약해지며 48세에는 양기가 위에서부터 쇠퇴하고 고갈되며... 56세에는 간기(肝氣)가 쇠약해져 근육이 움직이지 못하고 천계가 고갈되며... 64세에는 이빨과 머리카락이 빠지며... 천계가 다 소진되므로 머리카락이 세고 신체가 무거워져서 걸음걸이가 바르지 못하게 된다.[1]

---

1) 홍원식 옮김, 『황제내경 소문』, 전통문화연구회, 2003, p.19 이하. 번역은 조금 고쳤다.

이와 같이 『황제내경』에서는 봄·여름·가을·겨울이라는 사계절의 순환, 즉 낳고 기르고 거두고 보관하는(生長收藏) 자연의 변화에 비유해 사람의 8단계 생애주기를 고찰하였다. 그 반면에 에릭슨은 자아 정체성의 발달에 근거해 사람의 8단계 생애주기를 고찰하였다. 에릭슨이 고안한 생애주기는 심리학 교과서에서 생애주기의 모범적 사례로 간주되고 있다.

　그렇다면 이런 차이가 왜 생길까? 왜 서양에서는 자아 또는 자아 정체성에 근거하여 생애주기를 고찰할까? 서양문화는 기본적으로 자아를 확보하고 탐구하는 경향이 강하기 때문일 것이다. 바꿔 말해 서양문화는 동양문화와는 달리 나에 대한 집착이 강한 문화임이 틀림없다.

　서양철학에서 자아를 확보하고 탐구하려는 경향의 기원은 저 멀리 소크라테스와 아우구스티누스에까지 거슬러 올라간다. 기독교가 지배하던 서양의 중세에는 자아 탐구가 철학의 수면 아래로 가라앉았지만 르네상스와 종교개혁을 통해 철학의 수면 위로 다시 떠올랐다.

　서양 근대에 들어서자 자아를 확보하고 탐구하려는 흐름은 서양문화의 온 영역에서 다채롭게 전개되었다. 그리고 이런 흐름은 서양문화의 전통이 되어 문학과 예술 영역은 물론 심지어 과학 분야에까지 깊이 자리 잡게 되었다.

　철학에서도 자아를 확보하고 탐구하려는 경향이 일어났다. 그런 경향을 대표하는 철학자는 합리론의 데카르트다. 그는 자아를 삶과 학문의 아르키메데스 점으로 삼아 사유하는 실체로 해석하였다. 이런 경우에 자아는 불가분적이고 자기 동일적이며 투명하다. 칸트는 자아라는 사유하는 실체를 거부하고 자아를 선험적 주체로 해석하였다. 이러한 철학적 전통은 20세기의 후설의 현상학에까지 면면히 이어져왔다. 후설은 현상학적 방법을 통하여 경험적 자아를 선험적 자아로 환원하여 이 선험적 자아를 세계와 학문의 절대적 근거로 삼았다. 로크와 흄의 경험론에서도 자아를 탐구하고 확보하려는 경향은 예외가 아니었다. 그들은 선험적 자아를 허구라고 간주했지만 경험의 다발로 이루어진 자아는 인정하였다. 그러나 이런 자아는 심리적인 사건이나 상태에 의존하는 자아일 뿐이므로 삶과 학문의 근거는 될 수 없다. 이런 점에서 데카르트로부터 출발해서 칸트를 거쳐 후설에 이르는 선험적 자아야말로 서양문화를 대표하는 자아 개념이라고 할 수 있을 것이다.

그렇지만 20세기 중후반에 타자의 철학이 등장하면서 투명하고 단일한 자아는 엄청난 타격을 받았다. 무의식이라는 타자이든지 자아가 대면하고 있는 타자이든지 간에 타자는 자아가 구성되기 위한 중요한 계기가 되었다.[2]

자아를 선험적 주체로 해석하는 철학적 전통으로부터 벗어나려는 또 다른 흐름은 자아를 상호주관적 지평 위에서 자리매김하려는 사상 흐름이다. 이런 사상 흐름은 개인의 고독한 주체를 비판하고 자아 정체성은 개인과 사회의 관계에서 상호주관적으로 형

---

2) 이 문단의 내용은 조홍길, 『나를 향한 열정』, 한국학술정보, 2017에 좀 더 자세하게 서술되어 있다.

성된다고 보았다. 프로이트의 정신분석학을 계승하고 발전시킨 20세기의 심리사회학, 프랑크푸르트학파의 비판이론, 미국의 공동체주의 정치철학이 그런 예일 것이다.

이런 상호주관적 사상 흐름은 고독한 주체의 약점을 보완해서 상호주관적으로 강화하였다. 이런 사상 흐름에 따르면 사회 이전에 자아는 존립할 수 없으며 자아 정체성은 형성될 수 없다. 그러므로 자아 정체성은 미리 주어지는 것도 아니고 고정되어 있는 것도 아니라 타자와의 대화 또는 담론을 통해 서사적으로 형성된다.

여기서 자아 정체성을 정의하는 기준을 요약해서 보자면 다음과 같다: 1. 자기 동일성, 2. 영속성, 3. 논리적 일관성, 4. 개체적 인격성, 5. 서사적 통일성. 선험적 자아를 확보하려는 입장은 주로 1~4의 기준을 강조한다. 이 입장에서는 자아 정체성은 「나는 나다」라는 정식으로 표현될 수 있을 것이다. 타자의 인정을 통해 상호주관적 자아를 확보하려는 입장은 주로 1과 5의 기준을 강조한다. 이런 차이가 있음에도 불구하고 이 입장들은 자아를 확보하려는 경향에서 한 치도 벗어나지 않는다. 다만 후자의 입장이 전자의 입장보다 유연해졌을 뿐이다.

아무튼 자아를 보는 이런 관점은 그럴듯하게 여겨지지만 자아를 투철하게 살펴보지는 못하고 있다. 그것은 자아 개념을 정당화하려는 잘못된 시도이자 — 무용하거나 무의미한 시도는 아니지만 — 최후의 몸부림이다. 왜냐하면 자아는 실존하는 게 아니라 문화적으로 꾸며낸 추상적 허구에 불과하기 때문이다. 그리하여 박이문은 서양의 자아사상은 미성숙한 유아기의 사상이라고 보았다.

> 자아에 중점을 두는 서양적 사고가 구심적이라면 무아에 중점을 두는 동양적 사색은 원심적이다. ... 자아의 세계관은 밑바닥에서 서양의 개인주의 사상, 그리고 보다 포괄적으로 인간이 자연의 주인이라는 기독교적 인간관과 구체적으로 연결되며, 무아의 세계관은 동양의 집단적 사상, 그리고 보다 철학적 차원에서는 인간이 자연의 극히 미약한 일부에 지나지 않는다는 불교와 도교의 형이상학과 상통한다. ... 어쩌면 자아사상은 유아적 사고에 속할지도 모른다. 참다운 자아는 겸허한 무아 속에서만 발견되고 진정한 행복은 자아의 환상에서 깨어나 무아의 달관 속에서만 찾아진다.[3]

이 글의 1장에서는 상호주관적 자아를 좀 더 자세하게 다루어 보려고 한다. 이런 점에서 이 글은 상호주관적 자아를 거의 다루지 않고 자아를 확보하고 탐구하려는 경향을 비판한 책인 『나를 향한 열정』의 속편이라고도 할 수 있을 것이다. 자아를 그 자체로 정당화하려는 작업은 20세기 들어서서 타자의 철학이라는 사상적 흐름의 도전을 받고 휘청거렸다. 그래서 자아를 역사적이고 사회적인 맥락에서 상호주관적 관계로 확보하려는 사상적 흐름이 나왔다. 이런 사상적 흐름은 상호주관적 자아를 낳았다. 상호주관적 자아는 자아를 탐구하고 확보하려는 경향의 정점이자 마지막 단계라고 볼 수 있다. 심리사회학의 자아 탐구, 프랑크푸르트학파의

---

3) 박이문, 『동양과 서양의 만남』, 미다스북스, 2016, p.58.

자아 탐구, 공동체주의자들의 자아 탐구가 상호주관적으로 자아를 확보하려는 시도에 속할 것이다. 그리하여 이 글은 이런 흐름을 먼저 살펴보겠다.

이 마지막 단계는 자아의 황혼이라고 불릴 수도 있을 것이다. 자아에 관한 한 서양철학은 이 단계 이상으로 나아갈 수 없기 때문이다. 자아의 황혼 뒤에는 무아의 새벽이 기다리고 있을 것이다. 그럼에도 불구하고 자아를 확보하고 탐구하려는 서양문화의 경향이 여전히 완강하게 버티고 있고, 자아를 확보하려는 시도는 서양철학에서 꾸준히 나오고 있다. 그렇지만 무아의 새벽이 인류의 미래이자 바람직한 방향이므로 이 세기에 자아사상은 서서히 지고 무아사상은 떠오를 것이다.

21세기는 인공지능의 시대이고 이 인공지능의 시대는 무아의 새벽을 요청하고 있다. 무아의 새벽은 오래된 형이상학을 다시금 요청한다. 관계의 존재론, 만물일체론 그리고 생명사상이 그런 형이상학을 대표한다고 본인은 생각하였다. 그래서 이 글의 제2장에서는 관계의 존재론과 만물일체론을 다루어보고 더 나아가『황제내경』과 베르그송의 생명사상도 간략하게 살펴보겠다.4) 전자는 무아사상의 바탕이 되며 후자는 무아사상의 연장으로 간주될 수 있기 때문이다. 그리고 특히 관계의 존재론은 동서사상의 만남이라는 시각에서 다루어보았다.

---

4) 관계의 존재론 부분은 본인이 2018년 한중 인문학포럼에서 발표한 논문「신과학기술혁명과 동서사상의 만남」을 이용하였다.

끝으로 이 글을 쓰게 된 동기를 밝히고 싶다. 2018년에 한중 인문학포럼에서 무아사상을 발표하고 2019년 1학기에 <사회철학> 강좌를 대학에서 맡으면서 앞의 책이 좀 미진하다고 느꼈다. 그 미진한 부분이 상호주관적 관계로 자아를 정당화하려는 철학이었다. 심리사회학, 인정이론, 공동체주의 정치철학 등이 이런 철학에 들어갈 것이다. 앞의 책에서는 이런 철학을 스쳐 지나가듯이 다루었지만 이 글에서는 제1장에서 좀 더 자세하게 다루고 비판하였다. 이런 점에서 이 글은 2017년에 출판한 『나를 향한 열정』의 속편이라고 할 수 있을 것이다.

목차

제2장 무아의 새벽

제1장

상호주관적 관계로
구성되는 자아 정체성

서양에서 데카르트, 칸트 등의 철학에서든지 로크, 흄의 철학에서든지 간에 본래 자아는 구체적 현실과는 무관하게 확보되는 추상적 자아였다. 그리고 이 추상적 자아는 자기 동일적이었다. 그러나 이 추상적 자아는 20세기의 역사적인 국면에서 더 이상 설득력을 얻지 못하였다. 그래서 자아 정체성(identity)을 구체적 현실과 연결시켜 확보하여 정치적으로 해석하려는 사상적 흐름이 생겨났다.

이런 사상적 흐름은 역사적이고 사회적인 맥락에서 상호주관적 관계로 자아를 확보하려고 하였다. 이런 사상적 흐름에 속하는 사상가들은 심리사회학에서는 에릭슨, 리프턴이, 프랑크푸르트학파에서는 하버마스, 호네트가, 공동체주의에서는 매킨타이어, 샌델, 찰스 테일러가 있다. 다만 프랑크푸르트학파의 창시자인 호르크하이머와 아도르노는 서양문화의 자아 정체성에 부정적이다. 이들의 자아사상을 살펴보자.

1) 에릭슨과 자아 정체성

에릭슨은 젊었을 때 미술을 공부하였지만 유럽을 이리저리 떠돌다가 비엔나의 정신분석학연구소에 정착하였다. 거기서 그는 프로이트의 딸 안나 프로이트가 운영하는 학교에서 정신분석요법을 습득하였다. 그 뒤 나치의 박해를 피해 이 학교의 동료인 아내와 함께 미국으로 망명하였다. 그는 변변한 학위가 없었지만 하버드대학 교수가 되었고 프로이트의 정신분석학을 역사와 사회의 차원에 적용하여 심리사회학을 개척하였다. 그의 심리사회학에서 8단계의 생애주기(심리사회적 발달)와 정체성에 대한 연구가 그의 주요한 업적이다.

그가 정체성 문제를 연구하게 된 동기는 그의 출생과 밀접한 관련이 있다. 그는 프로이트와 마찬가지로 유태인이기 때문에 어린 시절 정체성 혼란을 겪었다. 그는 독일 국민이면서 유태인이지만 외모가 유태인과는 달랐다. 그래서 그는 친구들로부터 놀림을 많이 받았고 이 때문에 자신의 정체성을 심각하게 고민하게 되었다. 그가 프로이트의 정신분석학에 접하면서 이런 고민을 학문적으로 해소하려고 하였다.

프로이트의 정신분석학은 신경증 등의 정신병이 리비도(Libido, 성적 충동)의 억압에 기인하다고 보아 성의 문제에 집중하였다. 그렇지만 그는 프로이트의 정신분석학을 역사학, 사회학, 문화인류학의 지평으로 확장하였고 정체성과 정체성 위기를 문제로 삼았다. "성에 관한 연구가 프로이트 시대에 중요했듯이 정체성에 관한 연구는 우리 시대에 중요한 과제가 되었다."[1]

에릭슨의 심리사회학에서 심리사회적 자아 발달의 8단계는 정체성 형성과 정체성 위기에 따라 전개된다. 그러므로 에릭슨이 정체성 개념을 어떻게 이해했는지 우선 살펴볼 필요가 있다.

정체성은 Identity를 번역한 말이지만 Identity는 동일성으로도 번역될 수 있다. 그리고 정체성은 집단적 정체성이나 개인적 정체성으로 많이 사용되기도 하지만 여기서는 주로 자아 정체성을 가리킨다. 자아 정체성은 일반적으로 '나는 누구인가?'라는 물음으로 바뀔 수 있을 것이다.

자아 정체성(Ego-Identity)은 개인의 독특한 성격을 의미하는 게 아니라 타자의 인정을 받는 자기 의식적 감각을 의미한다. 이런 의미에서 자아 정체성은 자기 동일적이고 영속적이며 집단적 정체성과 연계된다.[2]

자아 정체성을 좀 더 살펴보기 전에 먼저 자아부터 알아보자. 프로이트의 정신분석학에서 자아는 원초아(Id)와 초자아(Super Ego)의 막강한 힘에 휘둘리는 불안정하고 나약한 심적 장치에 불과하다. 초자아는 부모와 범위가 모호한 군중으로부터 결정적 영

---

1) 에릭 에릭슨, 『유년기와 사회』, 송제훈 옮김, 연암서가, 2014, p.343.
2) エリク エリクソン, 『アイデンティティとライフサイクル』, 西平 直, 中島由恵 訳, 誠信書房, 2013, p.225에 나오는 용어해설을 참조하라. 앤서니 기든스는 에릭슨과 유사하게 자아 정체성을 규정하였다. "자아 정체성은 개인이 소유하고 있는 독특한 특성이 아니며 나아가 특성들의 집합도 아니다. 그것은 **사람에 의해 그녀 또는 그의 전기의 견지에서 성찰적으로 이해되는 것으로서의 자아**이다"(앤서니 기든스, 『현대성과 자아정체성』, 권기돈 옮김, 새물결, 2010, p.110).

향을 받아 내재화된 도덕적 양심을, 원초아는 본능을 가리킨다. "개인이 경험을 조직화해서 합리적인 계획을 세우는 중추인 자아는 원시적 본능의 무질서와 집단정신의 무법상태 양쪽으로부터 위협을 받는다. … 초기의 프로이트는 위협당하는 자아를 내재하는 원초아와 이 자아를 둘러싸고 있는 군중 사이에 두었다."[3] 그리고 프로이트는 어린아이의 자아를 오이디푸스적 삼자관계(아버지 ― 어머니 ― 아이)의 도식 안에서 고찰하였다. 그러나 에릭슨은 프로이트의 정신분석학을 이어받기는 했으나 사회조직이나 집단이 가족의 구조에 미치는 영향에 비추어 그것을 탐구하였다.

에릭슨은 프로이트처럼 자아 발달에서 유아기를 중시하였다. 그는 자아 정체성이 유아기(젖먹이 시기)에 기본적으로 형성된다고 보았다. 유아는 어머니가 면전에서 사라지더라도 어머니를 믿고 그 부재를 참고 견딜 경우에 어머니와의 관계에서 기본적 신뢰감이 생긴다. 이런 신뢰감이 초보적인 자아 정체성의 바탕을 이룬다. "최초의 관계에서 인간은 온전한 정신상태를 유지하는 대부분의 사람들이 거의 언제나 당연시할 수 있는 그 무엇을 배운다. … 나는 이 초기의 보물을 <기본적 신뢰감>이라고 불러왔다. 그것이 최초의 심리사회적 특징이며 여타 특징들의 기초이다."[4]

어린아이가 성장하여 걸음을 걸을 수 있게 될 때 그는 신체적 경험을 통하여 집단 정체성을 체화하기 시작한다. 어린아이가 이

---

3) Erik H. Erikson, *Identity and the Life Cycle*, International University Press, 1959, p.20.
4) 에릭 에릭슨, 『청년 루터』, 최연석 옮김, 인간사, 1982, p.133.

제 걸음마를 뗀다는 것은 단순한 성장의 문제가 아니라 그의 자아가 싹트는 셈이다. "'걸을 수 있는 사람'이 된다는 것은 어린아이 발달에서 거치는 많은 단계들 중의 하나이지만 신체적 숙달과 문화적 의미의 일치를 통해서, 기능적 쾌감과 사회적 인정의 일치를 통해서 더욱 현실적인 자존감을 초래하는 하나의 발달 단계이다. … 그것은 자아가 손에 쥐고 실감할 수 있는 집단의 미래를 향한 효과적인 발걸음을 배우고 있다는 확신, 사회적 현실 안에서 확실한 자아로 발달하고 있다는 확신으로 성장해간다. 이러한 감각을 나는 **자아 정체성**이라고 부르고 싶다."[5]

에릭슨은 아직 말하지도 못하는 유아기를 정체성이 형성되는 중요한 단계로 보았지만 청년기도 유아기에 못지않게 중요한 단계로 보았다. 청년기는 유아기와는 달리 정체성의 위기를 겪는 시기다. 정체성 위기는 인간의 일생에 걸쳐 있지만 청년기는 어린 시절을 마감하고 어른으로 성장해야 하는 길목에 위치하고 있기 때문이다. "나는 청년기의 주된 위기를 정체성 위기라고 불렀다. 그것은 생애주기 중 젊은이들이 각자 자신의 의 쓸 만한 잔존물과 예상되는 성년기의 소망으로부터 스스로 어떤 중심적인 전망과 방향, 실제로 도움이 되는 어떤 통일성을 만들어내야 하는 시기에 일어난다."[6] 따라서 청년기는 어린 시절의 동일시를 넘어서서 새로운 종류의 동일시를 만들어나가면서 자신의 정체성을 새

---

5) Erik H. Erikson, *Identity and the Life Cycle*, International University Press, 1959, p.23.
6) 에릭 에릭슨, 『청년 루터』, 최연석 옮김, 인간사, 1982, p.11. 번역은 좀 고쳤다.

롭게 구축해나가야 하는 시기다. "청년기 말에 고정된 최종 정체
성은 과거의 개인들과의 어떤 다른 동일시보다도 상위에 있다. 그
것은 모든 중대한 동일시를 포함하지만 또한 그것들을 독특하고
합리적으로 일관적인 전체를 만들기 위해서 변경한다."[7]

그러나 정체성 형성은 청년기로 시작되는 것도 아니고 끝나는
것도 아니다. 에릭슨에 따르면 정체성 형성은 일생에 걸쳐 이루어
진다. 그것은 아기가 어머니와 맺는 사회적 관계에서 출발하여 노
년의 자아 완성에 이르기까지 계속되는 것이다. 그리하여 심리사
회적 자아 발달의 생애주기를 다음과 같이 제시하였다.[8]

영아기(嬰兒期)	기본적 신뢰 대 기본적 불신
유아초기(幼兒)	자율 대 수치, 의혹
유희기	자주성 대 죄의식
학령기	근면 대 열등감
청년기	정체성 대 정체성 확산
성인 초기	친밀 대 고립
성인기	생산성 대 자기몰두
성숙기	자아 완성 대 혐오, 절망

이 도표는 심리사회적 자아 발달의 8단계와 각 단계에서 인간
이 갖는 힘이 서로 갈등하고 의존하는 관계를 드러내고 있다. 각
단계는 대각선 방향으로 진행하면서 정체성 위기를 겪고 다음 단

7) Erik H. Erikson, *Identity and the Life Cycle*, International University Press, 1959,
   pp.112~113.
8) 앞의 책, p.120.

계에서 그 위기를 극복해나간다. 에릭슨은 이 도표가 아동연구나 심리치료를 위한 지침일 뿐이지 생애주기의 법칙이 아니라고 언급했지만 이 도표는 생애주기를 한눈에 볼 수 있는 중요한 흐름을 제시했다고 평가할 수 있다. 특히 정체성의 형성과 위기라는 기준에 따라 심리사회적 자아 발달 단계를 나눈 그의 작업은 생애주기를 전체적으로 파악하면서도 특정한 시기의 갈등과 위기 관계를 잘 드러내었다고 평가할 수 있겠다.

생애주기를 포괄적으로 파악하려는 그의 시도는 실용적이었고 의미가 있지만 오늘날의 상황에 적용하기에는 상당히 무리가 있다. 오늘날 청년기의 방황은 정체성의 문제라기보다는 생활고와 취업에 기인한다. 오늘날 많은 청년들은 일정한 직업도 없이 떠돌아다니며 어렵게 생활한다. 이런 형편이니 정체성 확립을 위한 유예기간도 길어지고 자칫하면 장년기와 노년기까지 연장될 수 있다. 그렇다면 장년기의 생산성도 노년기의 자아 완성도 이루어질 수 없을 것이다. 게다가 오늘날의 노인들을 봐라. 많은 노인들은 자아 완성을 지향할 생각은 아예 없고 남은 생을 젊은이들처럼 즐기며 살아가려고만 한다. 그러니 그들에게 지혜와 삶의 통찰을 기대하기 어렵다. 오히려 노인들은 존경의 대상이 아니라 지질하고 주책을 떠는 흉물로 젊은이들의 눈에 비치므로 그들은 노인들을 꼰대라고 부른다.

이 밖에도 그의 정체성 연구에는 몇 가지 의문이 생긴다. 그의 정체성 연구가 프로이트의 자아이론에 바탕을 두고 있기 때문에 그는 자아 정체성에 궁극적으로 초점을 맞추었다. 그러면서도 그는 정체성을 역사적이고 사회적으로 탐구하였다. 그렇다면 정체성의 자기 동일성과 영속성은 정체성의 역사적이고 사회적인 성격과 서로 모순되지 않겠는가? 그의 정체성 탐구는 끊임없이 동일성을 추구하려는 서양철학의 흐름과 별개로 생각하기 어려울 것 같다.

만일 자아가 문화적으로 꾸며낸 허구라고 한다면 자아 정체성도 허구적인 이야기에 불과할 것이다. 그리고 나의 자아가 발달하는 게 아니라 나라는 바로 이 사람이 변화하고 발전하는 게 아닐까. 나는 어느 시점에 나의 정체성을 서사적으로 구성할 수 있을 것이다. 그러나 이런 정체성은 결코 선험적이지 않기 때문에 자기 동일적이고 영속적일 수 없다. 더군다나 정체성을 향한 집착은 자아를 향한 집착을 전제한다. 이런 점에서 그것은 자아를 확보하고 탐구하려는 서양적 경향의 전형이라고 볼 수 있을 것이다.

그러면 정체성이 단일하면서 합리적으로 일관되고 분명할까? 중국은 중국 특색의 사회주의를 표방하면서 공산당 개발독재의 길을 걷고 있다. 그러나 중국이 내세우는 사회주의 시장경제는 양립할 수 없는 사회주의와 시장경제의 결합이다. 이와 같이 상충하는 제도 때문에 국가 정체성은 모호해진다. 대한민국의 정체성도 마찬가지다. 여당인 더불어민주당이 생각하는 대한민국의 정체성과 야당인 자유한국당이 생각하는 그것은 상충된다. 그러면 어느 쪽이 대한민국의 정체성일까? 오늘날 정치경제적인 원인으로 대

량으로 발생하는 이주민도 여러 국가의 정체성을 혼란스럽게 만들고 있다. 다문화라든가 상호문화라는 구호는 이런 문제에 대처하기 위해 나온 문화적 구호라고 할 수 있겠다. 또한 개인의 자아 정체성도 영화 <23 아이덴티티>에서 보듯이 다양하게 나타날 수 있다. 급속한 사회변화, 복잡다단한 생활여건으로 말미암아 우리는 다양한 얼굴로 살아가지 않을 수 없기 때문이다. 하여튼 국가 정체성이든 자아 정체성이든 간에 정체성은 단일하지도 합리적으로 일관되지도 분명하지도 않다. 이런 모호한 정체성에도 불구하고 우리는 정체성 위기와 상관없이 살아나갈 것이다.

2) 프랑크푸르트학파의 자아 탐구

20세기 사회철학을 주름잡았던 프랑크푸르트학파의 비판이론은 크게 3세대로 전개된다. 1세대는 호르크하이머와 아도르노가, 2세대는 하버마스가, 3세대는 호네트가 대표한다.

호르크하이머와 아도르노는 마르크스주의로부터 출발하였으나 프롤레타리아 독재와 폭력혁명을 거부하고 이데올로기 비판과 자율적 주체에 대한 비판으로 나아갔다. 그리고 그들은 자본주의사회의 물화에 대한 비판에 근거하여 도구적 이성 비판에 몰두하였고 이런 비판의 바탕 위에서 전체주의적 지배라는 사회적 병리를 비판하였다. "<비판이론>이라는 용어는 막스 호르크하이머에 의해서 1939년에 그가 쓴 논문 「비판이론과 전통이론」에서 호명되었다. 신마르크스주의자인 호르크하이머와 그가 속했던 프랑크푸르트학파는 마르크스가 예언한 혁명이 실제로 일어나지 않았다는 사실에 비추어 마르크스의 이론을 다시 사유하려고 하였다. … 이 비판적 자세는 부르주아 사상의 원리들 중의 하나인 자율적 주체의 바로 그 이념에 의문을 제기한다."[9]

요컨대 호르크하이머와 아도르노가 창시한 비판이론의 기반은 대강 세 가지로 요약될 수 있을 것 같다.

첫째로, 그들은 칸트의 인식론적 비판으로부터 시작해서 헤겔의 변증법을 거쳐 마르크스에 이르는 급진적 비판정신을 계승했다. 그리하여 그들은 사실과 가치를 분리하여 사회의 현상유지를 꾀하는 실증주의를 비판하였다.

둘째로, 그들은 루카치의 물화(Verdinglichung) 개념에 영향을 받았다. 프랑크푸르트학파가 마르크스주의로부터 가장 큰 영향을 받은 사상적 요소가 바로 물화라는 개념이다. 그리고 이 개념은 오늘날 자본주의사회를 이해하기 위해 꼭 필요한 개념이기도 하다. 이 개념은 마르크스가 『자본론』에서 논의한 상품의 물신숭배에 근거한다.[10] 상품의 물신숭배란 자본주의사회에서 인간관계가 상품의 물적 관계로 전도되어 이 물적 관계가 인간을 지배하게 되는 병리적 현상이다. 이런 현상이 경제적 영역을 넘어서 사회의 온 영역에 침투하면 물화가 성립한다. 이를테면 오늘날 돈을 신처

---

9) Dino Franco Felluga, *Critical Theory*, Routledge, 2015, p.xxiii.
10) 상품의 물신숭배에 관해서는 K. Marx, *Capital* 1, trans. by B. Fowkes, Penguin Books, 1976, p.163 이하를 참조하라.

럼 숭배하는 사회 풍조는 물화 개념을 잘 드러내주고 있다.

셋째로, 그들은 베버의 합리화 개념으로부터도 영향을 받았다. 그들은 근대의 합리화를 목적-수단 합리성을 뜻하는 도구적 이성으로 해석하였다. 이 도구적 이성으로 말미암아 자본주의사회에서는 문화산업과 이데올로기를 통해 대중을 기만함으로써 독점자본의 지배가 공고화되며 사회주의국가에서는 중앙집권적 관료기구에 의해 공포정치가 이루어진다고 그들은 보았다. 그래서 그들은 도구적 이성을 집중적으로 비판하였다.

그러나 하버마스는 1세대의 도구적 이성 비판이 자유롭고 개방적인 토론을 지향하는 의사소통적 이성을 고려하지 않았다고 비판하였다. 그리하여 그는 1세대의 도구적 이성 비판을 상호주관적인 의사소통이론으로 대체함으로써 1세대의 부정성의 비판정신을 약화시켰다. 호네트는 상호주관적 의사소통이론을 받아들이면서도 인정이론의 바탕 위에서 그것을 재구성하였다. 하지만 하버마스처럼 그도 역시 1세대의 비판정신을 약화시켰다.

이 글의 관심은 프랑크푸르트학파의 비판이론을 전반적으로 살펴보는 데 있는 게 아니라 프랑크푸르트학파가 자아를 어떻게 보았는가에 있다. 이런 맥락에서 이 글은 호르크하이머와 아도르노가 함께 쓴 『계몽의 변증법』과 호네트의 『인정투쟁』 등을 주로 살펴보겠다. 이 두 저작에서는 자아의 문제가 직접적으로 다루어지고 있기 때문이다.

(1) 호르크하이머와 아도르노의 『계몽의 변증법』과 자아

　제2차 세계대전 말에 출판된 『계몽의 변증법』은 계몽이 스스로 극복하려고 한 야만과 신화로 어떻게 전락하고 말았는지를 폭로한 저작이다. 계몽적 이성은 인간을 신분적 제약과 종교적 족쇄의 무지몽매한 상태로부터 해방시켜 자연을 지배하는 주체로 탄생시켰지만 이 주체는 인간까지도 객체로 삼아 지배하고 억압하는 야만의 상태로 나아가게 된다. 또한 이 저작은 호르크하이머와 아도르노가 나치의 박해를 피해 미국에서 망명생활을 하던 시기에 나온 저작이기도 하다. 그래서 그런지 몰라도 문화산업을 비판하는 곳에서 재즈라든가 도널드 덕 같은 만화영화 등의 미국문화가 많이 등장한다. 게다가 이 저작은 유럽에서 싹텄지만 미국에서 정착한 심리학의 영향도 받은 것 같다.

　『계몽의 변증법』은 통상적인 철학적 저작이 아니라 환상적이면서도 기이한 철학적 저작이다. 이 저작은 시적이며 수사적 과장으로 가득 차 있으며 더군다나 묵시론적이기 때문이다. 그런 점에서 많은 찬사도 받았지만 많은 비판도 받았다. 특히 이 저작에서 계몽적 이성과 전체주의를 비판하는 대목은 문명화 과정 전체를 사회적 병리현상으로 보는 과오를 범했다는 비판을 받기도 하였다. "전체주의적 지배는 인류의 초기 역사로까지 소급되는 합리화 과정의 정점으로 간주되기 때문에 이러한 지배의 문명적 특수 위치는 근본적으로 시야에서 사라진다는 것이다. 따라서 전체주의라는 사회적 현실 자체가 아니라, 오히려 문명화 과정 전체가 일종의 사회적 병리현상이 된다. 루소와 마찬가지로 호르크하이머와 아도르노 역시 병리적 현상을 무제한으로 확장하는 강박에 빠지고 만 것이다."[11]

이런 비판은 전체주의라는 사회적 현실에 관한 한 정당한 비판이긴 하다. 하지만 그것이 호르크하이머와 아도르노의 『오디세이』해석에 그대로 적중한다고 보기는 어렵다. 이 해석의 주춧돌인 자아나 계몽의 개념은 근대 이후에 확립된 개념이긴 하나 그 기원이 『오디세이』까지 거슬러 올라갈 수 있기 때문이다. 그리고 자아 문제는 서양문화 전반을 걸고 다루어야 할 주제이기 때문이다.

『오디세이』의 주인공 오디세우스는 트로이 목마를 고안하여 트로이 성을 함락시킨 그리스의 명장이다. 그는 전쟁을 승리로 이끌었지만 그가 고향 아티카로 돌아가는 길은 험난하였다. 호르크하이머와 아도르노는 호머의 서사시 『오디세이』를 신화로부터 벗어나는 계몽의 한 단계로 보아 **자아가 싹트는 험난한 여정**으로 해석하였다. "트로이로부터 아티카로의 험난한 귀향길은 자연의 힘에 비해 육체적으로 무한히 허약하며, 이제 자아의식 속에서 서서히 형성되는 '자아'가 신화를 통과하는 길이다. **자아가 싹트기 이전의 세계는 자아가 헤쳐 나가야 할 공간으로 세속화된다.**"[12]

오디세우스가 토로이를 출발하여 아티카로 돌아가는 여정은 그

---

11) 악셀 호네트, 『정의의 타자』, 문성훈 외 옮김, 나남, 2009, p.66.
12) 호르크하이머·아도르노, 『계몽의 변증법』, 김유동 옮김, 문학과지성사, 2001, p.85.

가 신화적 힘과 맞서 싸워야 하는 길이기도 하였다. 외눈박이 괴물 폴리페모스의 괴력, 키르케의 마법, 사이렌의 주술 등은 이런 신화적 힘의 다양한 예들이다. 오디세우스는 이런 험난한 귀향길에서 생존하기 위해서는 이런 다양한 위험을 뚫고 자아 동일성[13]을 지켜나가야 한다. "자아는 모험을 두려워하며 모험 앞에서 경직되는 게 아니라 모험을 통해 강인한 자아, 즉 **통일성을 부정하는 다양성 속에서 동일성을 갖게 되는 자아**를 형성하게 되는 것이다."[14] 그러나 이런 자아 동일성은 신화로부터 아직 완전히 벗어난 것이 아니라 모험의 연속에서 흔들리는 허약하고 불투명한 것이다. 따라서 그것은 신화로부터 나온 것에 불과하다.

자아 동일성은 인간의 자연 지배와 직결되어 있다. 그런데 자연(nature)에는 외부의 자연도 있고 내부의 자연도 있다. 내부의 자연은 인간의 본능을 가리킨다. 외부의 자연을 객체로 삼아 지배하려는 주체인 자아는 다른 인간들을 지배하려고 할 뿐만 아니라 내부의 자연도 지배하려고 한다. "외부의 자연과 다른 인간들을 지배하기 위한 자아의 적대감은 인간 내부에 있는 자연도 부정해야 하는 대가를 치러야 하기 때문이다."[15]

본능이 이성에 의해 통제되지 않고 제멋대로 날뛴다면 자아의 동일성은 획득될 수 없다. 예컨대, 나의 의지에 따라 손과 발이

---

13) 자아 동일성은 Ich-Identität, Ego-identity를 번역한 말이다. 보통 자아 정체성이라고 번역한다. 이 말은 아도르노의 비동일성 철학에 맞추어 번역된 말이다.
14) 앞의 책, p.86.
15) 앞의 책, p.94.

움직이는 게 아니라 손은 손대로 발은 발대로 제멋대로 움직인다면 나는 통일적으로 행동하는 게 아닐 것이다. 따라서 본능은 이성에 의해 제어되어야 자아 동일성은 획득될 수 있다. "이성에 의한 본능의 제어가 성공한 후인 24장에 이르러서야 비로소 '자아'라는 관념이 언급된다. … 호머의 '동일적 자아'는 인간 내부의 자연에 대한 지배에 의해 비로소 얻어진 것이라고 간주할 수 있을 것이다."[16]

호르크하이머와 아도르노는 이런 식으로 자아 동일성의 기원을 호머의 『오디세이』에서 찾았다. 자아와 자아 동일성이 강조되는 문화는 온 세계에서 서양문화밖에 없다는 것을 고려해본다면, 그들의 해석은 그럴듯하게 보인다. 그리고 자아 동일성을 추구하는 문화가 자연 지배 쪽으로 나아가지 않을 수 없다는 그들의 견해는 서양문화의 병리현상을 족집게처럼 정확하게 집어낸 것이다. 그런 맥락에서 그들이 병리적 현상을 무제한으로 확장하려는 강박에 빠져 있다는 비판은, 자아에 관한 한, 잘못된 것이다.

자아와 자아 동일성을 확보하려는 서양철학이나 서양문화는 자아에 관한 한 첫 단추를 잘못 꿰었다. 『계몽의 변증법』의 저자들은 이를 잘 통찰하고 있었다. 특히 아도르노는 전통적 사유의 동일성에 맞서 비동일성을 내세워 그것에 저항하려고 하였다.

전통철학이 확고하다고 여기는 것의 동일성이 얼마나 불확실한지는,

---

16) 앞의 책, p.87, 주5.

그것을 보증해주는 것, 즉 개인의 의식에서 확인할 수 있다. 칸트의 경우 개인의 의식은 보편적으로 미리 지시된 통일체로서 모든 동일성의 기반을 이루어야 한다. 실제로 이전에 이미 어느 정도 의식적으로 살았던 나이 든 사람이라면 회상을 통해 지나간 과거를 분명히 기억할 것이다. 아무리 어린 시절이 비현실적인 것으로서 그에게서 멀어져가도 이 과거는 통일체를 형성한다. 하지만 그 비현실성 속에서는 그가 기억한 자아, 즉 한때 그 자신이었고 잠재적으로는 다시 현재의 그 자신이 되는 자아가, 동시에 어떤 타자·이방인·분리된 채 고찰되어야 할 자이기도 하다.[17]

이런 맥락에서 아도르노는 전통적 사유가 조장하는 자아 동일성의 허구를 부정하고 동일성과 비동일성의 양가성을 통해 자아를 파악하려고 하였다. 그럼으로써 그는 자아 동일성의 견고한 성을 무너뜨리고 더 나아가 자아마저 문제시하였다. 그러나 그는 무아사상으로까지 나아가지는 못했다.

(2) 호네트와 자아 정체성

호네트는 프랑크푸르트학파의 3세대 철학자이다. 그는 1세대인 호르크하이머나 아도르노보다도 2세대인 하버마스의 영향을 훨씬 더 받았다. 호르크하이머나 아도르노는 자아 동일성이나 자율적 주체에 대해 비판적이었지만 하버마스는 그것에 대해 긍정적이었다. 이런 점에서는 호네트는 하버마스의 노선을 따라간다.

하버마스는 호르크하이머와 아도르노가 비판한 도구적 합리성이나 계몽의 기획을 의사소통적 이성과 상호주관성을 통하여 극

---

17) 테오도르 아도르노, 『부정변증법』, 홍승용 옮김, 한길사, 2003, p.231.

복하려고 하였다. 칸트는 사회에 앞서 존립하는 선험적 자아라는 고독한 주체를 상정하였다. 그러나 하버마스는 자아란 사회적 상호작용적 관계에서 상호주관적으로 구성된다고 보았다. 이런 자아 관점에서 그는 지배로부터 자유로운 상호이해의 언어적 조건에 바탕을 둔 의사소통이론을 만들어내었다.

호네트는 하버마스의 이런 관점을 전폭적으로 받아들이면서도 의사소통이론을 인정이론의 기반 위에서 정당화하고 교정하려고 하였다. "그 출발점은 우리가 사회적 상호작용의 규범적 전제들을 단지 지배로부터 자유로운 상호이해의 언어적 조건에서만 찾으려 할 경우 그 전 범위를 파악할 수 없을 것이라는 반성이다. 그와는 달리 주체들이 의사소통적 관계를 받아들이면서 갖게 되는 규범적 기대와 연관시키는 것은 사회적 인정에 대한 가정이라는 점이 무엇보다도 먼저 고려되어야 한다."[18]

호네트는 원래 헤겔철학을 전공한 철학자이며 예나시기의 헤겔 저작으로부터 인정이론을 끌어내었다. 헤겔은 『정신현상학』을 1807년에 발간하기 전에는 「인륜의 체계」라든가 「예나실재철학」이라는 문건에서는 인정투쟁을 인륜성에 도달하기 위한 도덕적 투쟁으로서 기획하였다. 그러나 『정신현상학』에 이르러서는 인정투쟁은 「자기의식」 장에서만 등장하고 자기의식이 형성되는 주요한 계기로서만 취급된다. "『정신현상학』은 지금까지 정신의 사회화 과정 전 단계를 추동해온 도덕적 추진력인 인정투쟁에, 단지

---

18) 악셀 호네트, 『정의의 타자』, 문성훈 외 옮김, 나남, 2009, p.123.

자기의식의 형성이라는 하나의 기능만을 부여한다. 또한 인정을 둘러싸고 벌어지는 주체들 간의 투쟁은 주인-노예 변증법의 의미로만 축소된 채, 노동을 통한 실천적 확인 개념과 밀접하게 연결됨으로써 그 본래의 논리는 거의 완전히 시야에서 사라진다."19) 따라서 그는 헤겔이 예나대학에서 강의하던 때에 그가 만들어낸 문건들인 「인륜의 체계」와 「예나실재철학」을 인정투쟁에 초점을 맞추어 치밀하게 해석하려고 하였다.

여기서 우리의 관심은 자아나 자아 정체성이다. 그러므로 호네트가 어떻게 그것을 보았는지를 살펴보는 것으로 그칠 것이고 그의 인정이론을 전반적으로 고찰하지는 않을 것이다. 우선 그는 예나시기의 헤겔철학에서 자아 정체성은 상호주관적인 인정투쟁에 의해 구성되며 이런 인정투쟁은 자기보존이나 생존경쟁의 차원에서가 아니라 도덕적 차원에서 일어난다고 보았다. "당시 헤겔이 지니고 있던 생각은, 개인의 자유를 보장하기 위한 제도를 실천적·정치적으로 관철하려는 사회 내적 동력이 바로 자신의 정체성을 상호적으로 인정받기 위한 주체들의 투쟁에서 비롯한다는 것이었다. 여기서 자신의 정체성을 상호주관적으로 인정받으려는 개인들의 요구는 본래부터 사회적 삶에 내재하는 도덕적 긴장의 원천이 된다."20) 이러한 인정투쟁은 사회적으로 무시당해 자유롭고 자립적인 인격을 인정받지 못하기 때문에 일어나는 법이다. 따

---

19) 악셀 호네트, 『인정투쟁』, 문성훈·이현재 옮김, 사월의책, 2011, p.132.
20) 앞의 책, p.33.

라서 인정투쟁은 이런 인격이 상호주관적으로 인정받을 수 있는 인륜의 공동체가 성립할 때까지 계속해서 일어난다.

호네트는「인륜의 체계」에 등장하는 인정투쟁의 단계, 즉 인륜적 발전과정을『법철학』의「인륜」장에 비추어 3단계로 구성하였다. 가족 — 시민사회 — 국가는 이 3단계에 상응하는 인정 영역이고 이 3영역은 각기 다르다. 인정유형으로 가족에는 사랑이, 시민사회에는 권리가, 국가에는 연대가 해당한다. 사랑에는 배려윤리의 전통이, 권리에는 칸트의 도덕적 사상이, 연대에는 공동체주의의 도덕적 단초가 각각 해당된다고 그는 보았다. 이럼으로써 그는 인정이론에서 자유주의와 공동체주의의 갈등을 해소하려고 했을 뿐만 아니라 타자의 철학에서 나오는 배려윤리도 포용하려고 하였다.

그런데 호네트는 헤겔의 예나시기 저작에 나오는 인정투쟁은 오늘날 감당하기 힘든 형이상학을 전제하고 있다고 보았다. 그래서 그는 미드의 사회심리학과 같은 경험적 연구가 필요하다고 주장했다. "그런데도 헤겔의 사고가 여전히 형이상학적 전통이라는 전제에 묶여 있는 것은 그의 사고가 상호주관적 관계를 사회세계 내부의 경험적 현상으로 간주하지 않고 개별적·이성적 존재들 사이의 자기 형성 과정으로 표현하고 있기 때문이다. … 따라서 무엇보다도 헤겔의 출발점을 이루는 테제는 경험적 사회심리학의 조명 아래 재구성하는 것이 필요하다."[21]

---

21) 앞의 책, p.140.

호네트에 따르면 미드는 '주격 나(I)'와 '목적격 나(me)'를 구분하여 그것들의 관계를 쌍방이 서로 대화하는 관계로 삼음으로써 자아 정체성이 타인의 인정을 통해서 구성된다고 주장하였다. 이런 점에서 미드의 사회심리학이 예나시기 헤겔의 인정이론을 경험적으로 재현한다고 여겼다. 그러나 그가 형이상학을 벗어나서 인정이론을 구성하기를 원했지만 어림없는 일이다. 자아나 자아 정체성이라는 개념은 에릭슨이 언급했다시피 형이상학의 영역에 있기 때문이다. 또한 그는 후설의 현상학처럼 '자아와 다른 자아(Ego and Ater Ego)'의 관계를 통해서 상호주관성을 이해하려고도 하였다.22) 따라서 호네트의 인정이론은 서양철학이 공동체나 사회를 강조하면서도 개인의 자아에 얼마나 경도되었는지를 잘 보여주는 사례가 아닌가 여겨진다.

그는 사회적 병리 현상을 드러내고 치유하는 작업을 사회철학의 주요한 과제로 삼았다. 그리고 이러한 과제는 인정이론을 통하여 적절하게 수행될 수 있다고 보았다. 그의 인정이론은 노동문제나 여성문제에 현실적으로 공헌할 수도 있을 것이다. 그렇지만 정체성이나 인정은 현대사회의 사회적 병리를 드러내고 치유하는 잣대가 될 수 없을 것이다. 도리어 그것은 현대사회의 사회적 병리, 이를테면 경제적 불평등이나 부패를 가리는 역할을 할 수도 있기 때문이다. "그러므로 타인의 정체성 인정은 사회적 질서 자

---

22) Axel Honneth, *Das Ich in Wir*, Suhrkamp, 2010, p.31. '다른 자아(Alter Ego)'란 나의 자아의 연속이라는 뜻이므로 여전히 나의 자아에 초점이 모아진다.

체의 현실로부터 도피하는 중대한 메커니즘이 된다."[23] 게다가 그가 경제적 자기주장을 둘러싼 투쟁이라고 본 계급투쟁을 인정투쟁으로 대체함으로써 이 세상은 계급투쟁 대신에 온통 인정투쟁이 들끓어 나를 내세우고 외쳐대는 아수라장으로 전락할지도 모른다.

3) 공동체주의자들의 자아 탐구

미국의 정치철학은 롤스의 정의론을 통해서 로크, 루소, 칸트로 대변되는 계약론의 전통을 잇는 미국의 자유주의가 수립되었다. 그러나 롤스의 정의론은 아리스토텔레스, 헤겔로 대변되는 인륜적 공동체 사상을 잇는 미국의 공동체주의자들의 도전을 곧바로 받았다. 이리하여 20세기 중·후반 미국의 정치철학에서 자유주의와 공동체주의의 대립이라는 큰 흐름이 생겨났다.

물론 자유주의나 공동체주의에 각각 속하는 사상가들 사이에 미묘한 차이가 있다. 그럼에도 불구하고 자유주의와 공동체주의를 우선 개략적으로 비교해보자.

첫째로, 자유주의는 개인을 공동체보다 우선시하지만 공동체주의는 공동체를 개인보다 우선시한다. 그렇기 때문에 자유주의란 공동체의 연대보다도 개인의 자율성을 우선시하는 반면에 공동체

---

23) V. Schmitz(ed.), *Axel Honneth and the Critical Theory of Recognition*, Palgrave Macmillan, 2019, p.263.

주의는 공동체의 연대를 개인의 자율성보다 우선시한다. 그리하여 자유주의는 개인의 자유와 권리를 중시하는 반면에 공동체주의는 공동선을 추구할 의무를 강조한다. 그렇다고 하더라도 자유주의가 자유지상주의처럼 공동체의 연대를 무시하거나 공동체주의가 개인의 자유와 권리를 무시하여 전체주의를 지향하는 건 아니다. 그러나 자유주의는 개인의 자유와 권리를 강조함으로써 개인주의와 이기주의를 강화하여 사회적 불평등을 악화하고 공동체를 와해시킬 위험이 있을 수 있다. 그 반면에 공동체주의는 공동체적 연대를 강조함으로써 개인의 자유와 권리를 압살하는 전체주의로 나아갈 위험이 있을 수 있다. 그렇기 때문에 자유주의는 개인의 자유와 권리를 보장하는 바탕 위에서 공동체적 연대를 지향하고 공동체주의는 공동체적 연대를 지향하면서도 개인의 자유와 권리를 보장하려고 한다. 이런 맥락에서 자유주의적 공동체주의나 공동체주의적 자유주의가 성립하는 셈이다.

둘째로, 자유주의와 공동체주의는 좋음(good)과 옳음(right)의 우선순위가 상반된다. 자유주의는 자율적인 개인의 계약으로부터 출발하므로 좋음보다 옳음이 앞선다고 본다. 따라서 옳음으로부터 좋음이 도출될 수 있는 셈이다. 그 반면에 공동체주의는 좋은 삶을 지향하고 공동선을 추구하므로 옳음보다는 좋음이 앞선다.

셋째로, 자유주의가 자연상태를 가정하는 계약론으로부터 출발하는 반면에 공동체주의는 공동체의 역사로부터 출발함으로써 개인과 사회를 이해하는 관점이 상반될 뿐만 아니라 자아 정체성을 파악하는 방식도 상반된다. 자유주의에서는 개인은 사회로부터 독립되어 합리적으로 이익을 추구하는 자율적 주체이다. 이런 개인들이 모여서 계약을 통해 공동체를 형성한다. 그러므로 개인의 자아 정체성도 사회에 앞서 성립한다. 그러나 공동체주의에서는 개인은 자신이 속하는 공동체의 영향을 받는 역사적이고 사회적인 존재이다. 그러므로 개인의 자아 정체성은 공동체에 연고를 둔다. 다시 말해, 이 정체성은 개인이 어디에서 태어나고 자라났으며 어떤 공동체에서 살아가고 있는지에 따라 규정된다. 요컨대, 자유주의는 사회 이전에 자아가 존립하고 정체성이 고정되어 있다고 보았지만 공동체주의는 자아는 공동체로부터 비롯되며 자아 정체성은 상호주관적으로 구성된다고 보았다.

공동체주의자들 가운데서는 매킨타이어, 샌델 그리고 찰스 테일러가 공동체주의의 대표적 사상가들이며 자아 정체성의 문제를 심각하게 다루었다. 이 글은 자유주의와 공동체주의를 전반적으로 비교하는 글이 아니라 공동체주의의 자아 탐구를 살펴보는 글이다. 그러므로 그들의 자아 탐구를 중심으로 공동체주의를 살펴보자.

(1) 한나 아렌트의 전체주의 비판

공동체주의의 상호주관적 자아를 살펴보기 전에 먼저 한나 아렌트의 전체주의 비판을 간단하게 살펴보아야 할 것 같다. 그녀는 독일에서 태어난 유태인으로서 나치로부터 엄청난 박해를 당했던 철학자이다. 그녀는 나치의 박해를 피해 프랑스로 갔다가 결국 미국으로 망명했다. 그 이후 그녀는 박해받은 체험과 전체주의에 대한 사유를 『전체주의의 기원』에 담아 1951년에 책을 출판하였다. 그녀의 정치철학은 이 책에서부터 출발하기 때문에 이 책을 중심으로 간략하게나마 그녀의 전체주의 비판을 살펴보자.

그녀는 자아를 전체주의의 기원과 연결시킨 최초의 정치 철학자이다. 그녀에 따르면 나치즘이든 볼셰비즘이든 간에 전체주의 지배는 원자화되고 개인화된 대중사회를 전제한다. "매우 다른 상황에서 각국에서 시작된 볼셰비즘과 나치즘을 비교해보면, 전체주의 운동이 대중사회의 비체계성보다 원자화되고 개인화된 대중의 특별한 조건에 더 의존한다는 사실을 가장 명확하게 볼 수 있다. 스탈린은 레닌의 혁명적 독재를 완전한 통치로 변화시키기 위해 우선 원자화된 사회를 인위적으로 만들어내야만 했다."24)

그러고 나서 전체주의 지배는 공포정치를 통해 대중을 고립되고 무기력한 상태로 몰아넣는다. 더군다나 그것은 인간 삶의 공적인 영역과 정치적 자유를 파괴하는 데 그치지 않는다. 그것은 전체정치와는 달리 인간의 내밀한 사적 영역마저도 깡그리 파괴해버린다. "모든 압제정치와 마찬가지로 전체주의 정부도 분명 삶의 공적 영역을 파괴하지 않고서는, 즉 인간을 고립시킴으로써,

---

24) 한나 아렌트, 『전체주의의 기원 2』, 이진우·박미애 옮김, 한길사, 2006, p.35.

그들의 정치 능력을 파괴하지 않고서는 존재할 수 없다. 그러나 통치형태로서 전체주의 지배는 이 고립으로 만족하지 않고 사생활도 파괴한다는 점에서 새롭다."25)

미국에서 공동체주의 정치철학이 성립하기 전에 한나 아렌트는 전체주의 지배를 자아와 연결시킴으로써 인간의 자아 정체성이 상호주관적 관계에서 구성될 수 있음을 이미 인식하고 있었다. 이런 관점에서 그녀는 고독(Solitude)과 외로움(Loneliness)을 확실하게 구별하였다. 고독은 타인과의 합일 가능성을 주기 때문에 긍정적인 의미가 있지만 외로움은 자아 상실로 이어지기 때문에 인간을 절망의 구렁텅이로 몰아넣는다. "고독은 외로움이 될 수 있다. 내가 혼자 있으면서 나 자신의 자아에게 버림받을 때 이런 일이 발생한다. … 외로움을 참을 수 없게 만드는 것은 자아 상실이다. 이 자아는 고독 속에서 실감할 수 있는 것이지만, 그 정체성은 나와 동등한 사람과 신뢰할 수 있는 교제를 나눌 때에만 비로소 확인될 수 있다. 이런 자아 상실의 상황에서 사람은… 자아와 세계, 사유하고 경험할 수 있는 능력을 동시에 상실한다."26)

그리하여 전체주의 지배는 양심조차도 무의미해지는 조직화된 외로움으로 인간을 몰아넣어 인간성을 송두리째 유린해버린다. 전체주의에 대한 한나 아렌트의 이런 비판은 자아를 정치철학과 연결시킨 선구적인 업적이며 정치철학적으로 여전히 시사하는 바

---

25) 앞의 책, p.278.
26) 앞의 책, pp.281~282.

가 많다. 그녀의 이런 작업과 사유는 서양의 정치철학에 다방면으로 영향을 끼쳤을 뿐만 아니라 미국의 공동체주의 정치철학으로도 이어진다.

(2) 매킨타이어의 공동체주의적 자아

매킨타이어는 젊은 시절 영국에서 주로 교육받고 학자로서 활동하다가 1970년에 미국으로 이주하여 공동체주의적 정치철학을 주도해나간 스코틀랜드 출신의 사상가이다. 그는 일찍이 마르크스주의에 큰 영향을 받아 자본주의사회의 자유주의적 개인주의에 비판적이었다. 그 뒤 덕을 통해 좋은 삶을 지향하고 공동선을 추구하는 아리스토텔레스의 덕 윤리에 입각해 자본주의사회에 만연한 자유주의적 개인주의를 맹공하였다. 그는 『덕의 상실』 제3판 머리말에서 마르크스주의에 진 빚을 다음과 같이 토로하였다. "『덕의 상실』이 20세기 역사가 드러내어 왔던 마르크스주의의 그러한 도덕적 부적절성에 대한 인식으로부터 부분적으로 쓰였지만, 나는 자본주의의 경제적이고 사회적이며 문화적인 질서에 대한 마르크스의 비판과 그 이후의 마르크주의자들에 의한 이 비판의 발전에 깊은 빚을 졌으며 빚을 지고 있다."[27] 그는 마르크스주의의 자유주의적 개인주의 비판과 공동체적 관계 옹호에 공감하였다. 그러면서도 그는 역사는 미래로 열려 있으며 미래는

---

27) A. MacIntyre, *After Virtue*, University of Notre Dame Press, 2007, Prologue p.xvi.

예측 가능하지 않다고 보았기 때문에 마르크스주의의 역사적 법칙의 필연성과 미래 예측 가능성 주장을 비판하였다. 그리하여 그는 마르크스주의에 더 이상 머뭇거리지 않고 아리스토텔레스의 목적론적인 덕 윤리 쪽으로 나아갔다.

아리스토텔레스의 덕 윤리에서는 인간은 정치적 동물, 즉 공동체에 연고를 두고 살아가면서 좋은 삶을 지향하며 공동선을 추구하는 동물이며 좋은 삶과 공동선은 덕의 실천을 통해 실현된다. 매킨타이어는 이런 입장에 서서 근대 이후의 자유주의적 개인주의를 신랄하게 비판하였다. 그가 자유주의적 개인주의를 비판하였을 때 그는 그것의 자아 해석을 특히 문제로 삼는다. 그런데 이런 자아 해석에서는 자아는 구체적 현실과 유리되고 공동체의 역사와 전통으로부터 유리된 추상적 자아일 뿐이다. 그렇기 때문에 그는 이런 추상적 자아를 유령 같은 자아라고 간주했다.

매킨타이어는 『덕의 상실』에서 데카르트의 자아 해석을 다루기보다는 로크, 흄 등의 경험론자의 자아 해석을 많이 다룬다. 도덕적 판단은 정감의 표현에 불과하다고 보는 도덕 정서주의(emotivism), 즉 로크, 흄 등의 도덕철학이 내세우는 자아 개념은 자유주의적 개인주의의 자아 해석에 속한다. 그러나 이러한 자아는 공동체와 아무런 연고도 없는 자아일 뿐만 아니라 공적 영역과 사적 영역으로 뚜렷이 분화된 자본주의사회에서나 나올 수 있는 자아다. 이런 맥락에서 이런 자아 개념은 합리적으로 정당화될 수 없다고 그는 보았다. 왜냐하면 개인의 자아 정체성은 그의 자의적 선택에 따라 결정되는 게 아니라 그가 어떤 공동체에 속하느냐에 따라 구성되기 때문이다.

> 나는 누군가의 아들 또는 딸이고, 누군가의 사촌 또는 삼촌이다. 나는 이 도시 또는 저 도시의 시민이며, 이 동업조합 또는 저 직업집단의 구성원이다. 나는 이 씨족에 속하고, 저 부족에 속하며, 이 민족에 속한다. 그렇기 때문에 나에게 좋은 것은 이러한 역할들을 담당하는 누구에게나 좋아야 한다. 이러한 역할의 담지자로서, 나는 나의 가족, 나의 도시, 나의 부족, 나의 민족으로부터 다양한 부채와 유산, 정당한 기대와 책무들을 물려받는다. 그것들은 나의 삶의 주어진 사실과 나의 도덕적 출발점을 구성한다. 이것은 나의 삶에 그 나름의 도덕적 특수성을 부분적으로 제공한다.[28]

로크나 흄 같은 경험론자들은 선험적 자아를 부정하긴 하지만 경험적 자아마저 부정하는 건 아니다. 그들에 따르면 경험적 자아는 그 정체성이 심리적 사건이나 상태의 연속성에 의존한다고 보았다. 그렇지만 매킨타이어는 이러한 관점은 자아 정체성이 인간의 탄생, 삶 그리고 죽음을 연결시키는 서사적 통일성에 근거하고 있음을 간과하였다고 비판하였다. 심리적 사건이나 상태의 연속성은 이런 서사적 통일성이라는 배경에서만 성립할 수 있기 때문이다.

그는 인간의 자아 정체성은 목적론적이며 예측 불가능한 성격을 띠는 이야기를 통해서 서사적으로 구성된다고 보았다. 인간은 본질적으로 자신의 삶을 이야기로 말하는 동물이고 이 이야기의

---

28) 알래스데어 매킨타이어, 『덕의 상실』, 이진우 옮김, 문예출판사, 1997, p.324.

문맥에 의거해서 무엇을 할지를 탐색하고 결정하기 때문이다. 이러한 자아의 서사적 개념은 나를 역사적 주체로 만들면서 타인과 연결되도록 만든다.

> 자아(Selfhood)의 서사적 개념이 요청하는 것은 두 가지다. 한편으로는, 나는 탄생으로부터 죽음까지 진행되는 이야기를 살아내는 과정에서 다른 사람들에 의해 내가 정당하게 간주될 수 있는 존재이다. 나는 나 자신의 것이지 다른 어떤 사람의 것이 아닌, 즉 그 나름의 고유한 의미를 지닌 역사의 *주체*이다. … 서사적 자아의 다른 양상은 상관적이다: 나는 해명할 수 있는 사람일 뿐만 아니라, 다른 사람들에게 해명을 항상 요청하고 그들에게 의문을 제기할 수 있는 사람이기도 하다. 그들이 내 이야기의 부분이듯이 나도 그들 이야기의 부분이다. 어떤 한 사람의 이야기는 얽히고설킨 일련의 서사들 부분이다.[29]

이런 점에서 매킨타이어에게 자아는 사회적이고 역사적인 맥락과 결코 분리될 수 있는 게 아니다. 자아는 공동체의 역사를 통해서만 합리적으로 정당화될 수 있을 뿐이다. 그러므로 자아의 현재는 역사의 한 부분으로서 파악되며 따라서 과거와 전통을 담지할 수밖에 없다. 이를테면, 영국의 아일랜드 침략에 자신은 아무런 관계가 없다고 주장하는 젊은 영국인의 태도나 1945년 이후에 태어났기 때문에 유태인 학살에 자신은 아무런 책임도 없다고 믿는 독일인의 태도는 자아의 역사적 맥락을 망각하는 사례가 될 것이다.

매킨타이어는 자유주의가 자아의 사회적이며 역사적인 맥락을

---

29) 앞의 책, pp.320~321. 번역을 고쳤다.

무시할 뿐만 아니라 좋은 삶을 위한 공동체적 관계와 전통을 경시한다고 『덕의 상실』에서 거듭해서 비판하였다. 그렇다고 하더라도 이러한 비판이 전통을 중시하는 보수주의로 이어지지는 않는다. 이 보수주의는 자유주의의 또 다른 얼굴이기 때문이다. "자유주의에 대한 이러한 비판은 현대적 보수주의에 대한 동정의 징표로서 해석되어서는 안 된다. 저 보수주의는 너무 많은 방식들에서 그것이 공공연하게 반대하는 자유주의의 거울 이미지다. 자유시장경제에 의해 구조화되는 삶의 양식을 향한 보수주의의 집착은 이 양식을 향한 자유주의의 집착만큼이나 부식적인 개인주의에 대한 집착이다."[30]

자아를 확보하고 탐구하려는 서양철학의 흐름은 데카르트, 칸트의 선험적 자아와 로크, 흄의 경험적 자아를 거쳐서 매킨타이어의 공동체주의적 자아에까지 도달하였다. 매킨타이어가 자아를 사회적·역사적 맥락에서 정당화하려 했던 시도는 분명히 인간을 이해하기 위한 당연하고도 적절한 시도일 것이다. 그렇다고 하더라도 그도 역시 자아 개념 자체로부터 벗어난 건 아니었다. 자아 개념 자체가 그가 신랄하게 비판했던 자유주의의 유산이 아닌가. 그의 시도는 오히려 자아를 대단한 물건으로 만들어서 자아 개념이 현대사회의 문제를 해결할 수 있는 만능열쇠인 양 사람들을 오도할 수 있을 것이다. 그가 자아 문제를 해결했다고 생각하는 그곳에서 자아 문제는 해결되지 않은 채로 여전히 남아 있다.

---

30) A. MacIntyre, *After Virtue*, University of Notre Dame Press, 2007, Prologue p.xv.

그는 만년에 아리스토텔레스주의자들과 유학자들의 대화를 덕 윤리를 통해 주선하려고 시도하였다. 그러나 자아 문제에 관한 이들 사이의 불가통약성은 그가 어떻게 다룰 수 있었겠는가?[31] 이런 의문의 답은 그와 같은 공동체주의자인 샌델의 중국 강연에서 찾을 수 있을 것이다. 샌델은 21세기 초반 중국에 가서 공동체주의 철학을 전파하려고 했지만 그의 공동체주의가 약하다는 비판을 중국학자로부터 받고 충격을 받았다. 이런 충격은 분명히 자아 문제와 관련되어 있다.

(3) 마이클 샌델의 롤스 비판

샌델은 하버드대학 교수로서 정의에 관한 강의로 유명한 철학자이다. 그의 공동체주의는 매킨타이어의 영향을 받았지만 매킨타이어의 공동체주의보다 약하다. 그는 롤스의 정의론에도 영향을 받아 자유주의적 공동체주의를 지향하기 때문이다.

그는 21세기 초 한국에도 여러 번 초빙을 받아 강연을 했으며 『정의란 무엇인가』라는 책은 철학서적으로는 드물게 큰 인기를 끌었다. 그는 이 기세를 업고 사회주의국가인 중국에까지 진출하여 자신의 공동체주의 정치철학을 전파하려고 하였다. 그러나 여

---

31) 매킨타이어가 동서사상의 만남을 주선하는 논문인 'Incommensurability, Truth and the Conversation between Confucians and Aristotelians about the Virtues'를 송영배는 『동서철학의 충돌과 융합』에서 덕 윤리에 입각해 소개하고 있지만 정작 그는 자아 문제의 통약 불가능성을 고려하지 않았다. 송영배, 『동서철학의 충돌과 융합』, 사회평론, 2012, p.296 이하를 참고하라.

기서는 그의 정의론보다는 그의 롤스 정의론 비판만 살펴보기로 하자.

샌델은 『정의의 한계』에서 매킨타이어의 롤스 비판을 이어받아 롤스의 정의론이 자아에 관하여 그릇된 접근을 하였을 뿐만 아니라 일관되지도 않았다고 비판하였다. 그러면 우선 롤스의 정의론을 살펴보자. 롤스는 칸트의 의무론적 윤리학에 터전을 두는 자신의 정의론을 자유주의적 사회주의라고 불렀다.[32] 자연상태에 해당하는 원초적 입장에서 그는 계약 당사자들로부터 사심을 최대한 배제하기 위해 그들의 출신과 능력 그리고 사회적 지위 등을 알아보지 못하도록 무지의 장막을 일단 친다. 그러고 나서 그들은 사회적 재화의 배분을 위한 정의의 원칙을 끌어내려고 논의에 들어선다. 이들은 합리적으로 자신의 이익을 증진시키려고 하지만 서로 무관심적이기 때문에 자신이 처할 수 있는 최악의 경우들 중에서 최선의 결과가 나올 수 있는 원칙을 선택한다. 이 원칙은 다음과 같다.

> 첫째, 각자는 다른 사람들의 유사한 자유의 체계와 양립될 수 있는 평등한 기본적 자유의 가장 광범위한 체계에 대하여 평등한 권리를 가져야 한다. 둘째, 사회적·경제적 불평등은 다음과 같은 두 조건을 만족시키도록, 즉 (a) 모든 사람들의 이익이 되리라는 것이 합당하게 기대되고, (b) 모든 사람들에게 개방된 직위와 직책이 결부되게끔 편성되어야 한다.[33]

---

32) '자유주의적 사회주의'는 『정의론』 서문에서 롤스가 자신의 정의론에 부친 용어다. 그는 자신의 정의론이 자본주의국가에도 사회주의국가에도 다 같이 적용될 수 있다고 여겼다. 그러나 이 용어는 그의 자아개념 만큼이나 기묘하고 정합적이지도 않다.

첫 번째 원칙은 평등한 자유의 원칙이고 두 번째 원칙은 차등 원칙이다. 첫 번째 원칙은 두 번째 원칙보다 우선한다. 이런 점에서 롤스는 기본적으로 자유주의자이다. 그러나 두 번째 원칙은 차등원칙이므로 사회주의적이다. 롤스는 첫 번째 원칙에서 자율성에 바탕을 두는 개인의 평등한 자유와 권리를 옹호함으로써 자유주의를 천명하였다. 그렇지만 그는 첫 번째 원칙에서 언론의 자유, 결사의 자유, 양심의 자유, 사상의 자유, 인신의 자유, 사유재산의 자유 등을 옹호했지만 생산수단의 자유는 인정하지 않았다. 생산수단의 자유는 사회적 불평등을 심화할 수 있기 때문이다. 그리하여 그는 두 번째 원칙을 통하여 사회적 불평등을 해소하려고 함으로써 사회주의적 경향을 드러내었다.

얼핏 보면 롤스의 기획이 그럴듯하게 보이지만 샌델은 바로 이런 점에서 롤스의 정의론이 정합적이지 못하다고 보았다. 롤스는 원초적 입장에서 자유롭고 독립적인 자아를 가정하였는데 이 자아는 사회 이전에 존재하는 개별화된 자아(antecedently individuated self)라고 할 수 있을 것이다. 그래서 이 자아는 시간의 흐름에 따라 변화하지 않는 통일적이고 영속적인 자아다. 칸트의 용어로 표현하면 경험적 자아가 아니라 예지적 자아다. 그러므로 원초적 입장의 자아 정체성은 상호주관적으로 구성되는 게 아니며 자아는 목적보다 앞선다. "우리는 먼저 개별적 개인들이다. 그다음 관계를 형성하고 타인과 협력적인 합의에 이른다. 그래서 다수성이 통합

---

33) 존 롤스, 『정의론』, 황경식 옮김, 이학사, 2003, p.105.

보다 앞선다. 우리는 먼저 헐벗은 소유 주체이고, 그다음 소유할 목적들을 선택한다. 그렇기 때문에 자아가 그 목적보다 앞선다."[34)

그러나 롤스는 차등원칙에서는 공적 자산을 공정하게 배분하기 위해서 공동체의 상호주관적 차원을 요구한다. 그러니까 원초적 입장에서 소유의 주체로 등장한 자아는 차등원칙에서는 상호주관적 자아로 바뀌고 만다. "차등원칙은 의무론적 견해에 걸맞은 생각, 즉 내 자산은 단지 우연히 내 것이라는 생각에서 출발한다. 하지만 다음과 같이 가정함으로써 차등원칙은 끝난다. 그래서 이 자산들은 공동자산이라는 것, 사회가 그 행사의 결실에 대해 우선적인 요구를 갖는다는 것이다. 이는 의무론적 자아의 권한을 박탈하거나 그 독립성을 부정하는 것이다."[35) 따라서 롤스의 정의론에서는 사회 이전에 존재하는 개별화된 자아와 상호주관적 자아는 상충하지 않을 수 없다.

더군다나 샌델은 롤스의 원초적 입장이 가정하는 사회 이전에 존재하는 개별화된 자아는 롤스 정의론의 그릇된 출발점이라고도 비판하였다. 마치 헤겔이 『법철학』에서 사회계약설의 원자론을 비판하였듯이 샌델은 롤스의 사회 이전에 확보되는 자유롭고 독립적인 자아를 비판하였다. 샌델에 따르면 공동체에 아무런 연고도 없는 자아는 없다. 개인의 자아 정체성은 공동체의 역사나 전통, 목적 그리고 선 관념 등에 따라 상호주관적으로 구성되기 때

---

34) 마이클 샌델, 『정의의 한계』, 이양수 옮김, 멜론, 2012, p.288.
35) 앞의 책, p.358.

문이다.36) 더 나아가서 그는 이와 같은 자아를 공적인 정치 영역으로 끌어들여야 정치가 활성화된다고 보았다.

샌델이 롤스의 연고 없는 자아를 비판하긴 했지만 그가 주장하는 정의의 원칙을 강렬하게 거부하지는 않았다. 그는 스스로 자유주의적 공동체주의자라고 불렀으며 롤스와 마찬가지로 궁극적으로 정의를 추구했기 때문이다. "롤스의 정의론이 궁극적으로 성공하든 실패하든, 그 이론은 미국 정치철학이 지금까지 내놓은, 좀 더 평등한 사회를 이루기 위한 가장 설득력 있는 주장임이 분명하다."37)

샌델은 한국에서 큰 성공을 거두자 사회주의국가인 중국에까지 진출하려고 하였다. 그러나 중국은 만만치 않았다. 그가 중국에서 자신의 정의론을 전파하려고 중국의 학자들과 소통했을 때 리첸양이라는 중국 철학자가 예기치 않은 비판을 다음과 같이 제기하자 충격을 받았다. "유가적 관점에서 예와 인은 긍정적 인간관계를 맺게 한다. 이러한 덕목들을 통해 사람들은 강력한 공동체 소속감을 가질 수 있다. 그러한 공동체에서 최고의 덕은 정의보다는 조화로운 인간관계다. 유학자들이 샌델의 자아와 공동체 개념에서 중요한 결함이 있다고 한 것은 바로 이와 관련된다."38)

그는 동양철학을 잘 몰랐다. 그는 동양철학에서는 본래 자아에

---

36) 다음과 같이 분명하게 말할 수 있을 것이다. "롤스는 개인이 다른 사람들과 목적을 공유함으로써 보다 광범위한 상호주관적인 자기 이해가 고취되는, 즉 나 자신을 공동체와 동일시하고 내가 그 구성원임이 나의 정체성에 본질적이라고 생각할 가능성을 배제한다"(스테판 뮬홀·애덤 스위프트, 『자유주의와 공동체주의』, 김해성·조영달 옮김, 한울 아카데미, 2001, p.88).

37) 마이클 샌델, 『정의란 무엇인가』, 김명철 옮김, 와이즈베리, 2016, p.248.

38) 마이클 샌델·폴 담브로시오 엮음, 『마이클 샌델, 중국을 만나다』, 와이즈베리, 2018, p.32.

대한 관심도 추상적 자아 개념의 추구도 없다는 것을 간과했다. 그가 동양철학의 역사를 주의 깊게 살펴보았다면 자아에 대한 관심과 추상적 자아 개념의 추구가 서양문화나 철학에 한정되어 있음을 알 수 있었을 것이다. 그리고 그는 위와 같은 충격적인 비판도 받지 않았을 것이다.

(4) 찰스 테일러의 자아 탐구

찰스 테일러는 1970년대에 『헤겔』이라는 책을 출간하면서 일약 혜성처럼 등장해 헤겔 연구자로 국제적 명성을 얻었다. 그는 이어서 『헤겔철학과 현대의 위기』라는 책을 출간하면서 헤겔의 인륜적 공동체 사상을 옹호하는 영국 철학자로서 자리매김하였다. 그 뒤에 그는 캐나다로 이주하여 점차로 헤겔철학을 벗어나 관심의 폭을 넓히고 공동체주의 정치철학으로 옮겨갔다. 그는 롤스의 정의론을 비판적으로 고찰한 마이클 샌델에게 영향을 주었고 급기야 공동체주의 정치철학의 대표적 학자들 중의 한 사람이되었다.

또한 그는 자아의 원천이 서양문화에 있음을 서양철학이나 문학을 통해 공들여 입증하려고 하였다. 『자아의 원천들』에서 그는 플라톤의 이성철학을 이어받은 아우구스티누스의 교부철학이 자아의 반성적 내면성으로 서양철학의 방향을 돌렸다고 지적했다. "근본적으로 반성적인 내면성을 도입해 이를 서구사상 전통에 물려준 사람이 아우구스티누스라는 것은 거의 과장이 아니다. … 왜 냐하면 우리는 분명히 일인칭 관점을 대단한 것으로 여겨왔기 때문이다. 데카르트로부터 시작된 근대 인식론의 전통 그리고 근대 문화에서 이 전통으로부터 흘러나온 모든 것은 이 일인칭 관점을 근본적인 것으로 만들었다."39) 그리하여 그는 앞의 책에서 자아의 반성적 내면성을 데카르트로부터 로크, 몽테뉴를 거쳐 서양철학의 흐름에서 탐색한 다음에 근대 영문학에서도 확인하였다.

애당초 그는 헤겔의 인륜적 공동체 사상에 큰 영향을 받아 계약론에 바탕을 두는 자유주의와는 거리가 멀 수밖에 없었다. 헤겔은 로크나 칸트 등의 자유주의를 비판하면서 인륜적 공동체 사상을 펼쳤기 때문이다. 국가와 같은 인륜적 공동체는 개인들이 모여서 개인들의 계약에 의해 이룬 집단이 아니라는 게 헤겔의 생각이었다. 그러나 헤겔은 인륜적 공동체 사상에도 불구하고 『논리학』에서 칸트가 상정한 선험적 자아를 높게 평가했으며 『법철학』에서도 자아를 「추상적 법」의 단계에서 고찰하였다. 이런 점에서 헤겔이 인륜적 공동체 사상을 주장하긴 했지만 칸트의 사상적 유산을 충분히 극복하지 못했다. 이에 반해 찰스 테일러는 고독하고 통합된 자아사상을 떨쳐버리고 자아 정체성의 문제를 상호주관적 관계에서 서사적으로 탐구하려고 하였다.

그는 자아란 단일하고 투명한 주체가 아니라 그 정체성이 복잡다단하고 깊다고 생각하였다. 롤스는 옳음(right)이 좋음(good)보

---

39) 찰스 테일러, 『자아의 원천들』, 권기돈·하주영 옮김, 새물결, 2015, p.270.

다 우선하며 자아의 본질적 통일은 옳음에 근거한다고 보았다. 그 반면에 찰스 테일러는 좋음이 옳음보다 우선하며 자아 정체성은 공동체의 선(good) 관념에 근거한다고 보았다. 이런 공동체의 선 관념이야말로 자아 정체성에 도덕적 방향 감각을 부여하기 때문이다.

그에 따르면 자아 정체성은 고정되어 있지 않을 뿐만 아니라 단일하지도 않다. 그렇기 때문에 자아 정체성은 한편으로는 공동체 안에서 상호주관적으로 대화에 의해 서사적으로 형성된다. "나는 어떤 대화자들과 관계를 맺을 때만 자아다. … 자아는 '대화의 망' 안에서만 존재한다. 바로 이러한 원초적 상황이 우리의 '정체성' 개념에 의미를 부여한다."[40] 다른 편으로는 자아 정체성은 내가 여태껏 어떻게 살아왔고 앞으로 어떻게 살아갈 것인가가 고려되어 서사적으로 형성되어야 한다. "나는 나의 현재의 행위를 '그다음에는'의 형태로 이해한다는 것이다. A(현재의 나)가 있었고 다음에 나는 B(내가 되겠다고 투사하는 것)를 한다. 그러나 서사는 단순히 나의 현재를 조직하는 것보다 더 큰 역할을 하는 것임에 틀림없다. … 따라서 우리 삶은 이야기로 보아야 한다."[41]

자아를 공동체의 선에 근거하여 상호주관적 관계에서 파악하려는 찰스 테일러의 시도는 흥미롭다. 그러나 그의 시도에서 왜 이렇게 자아나 자아 정체성을 탐구하고 확보하려고 하는 것인지 의

---

40) 앞의 책, p.82.
41) 앞의 책, pp.107~116.

문을 도저히 지울 수 없다.

고독하고 통합된 자아 개념은 20세기에 들어서서 숱한 도전을 맞이했다. 한편으로는 레비나스, 라캉, 데리다 등은 타자의 개념을 통하여 그 개념을 공격하였다. 다른 편으로 호네트, 샌델, 찰스 테일러 등은 자아 정체성을 상호주관적으로 구성하려고 하였다. 후자의 사상 흐름은 사회에 앞서 존립하는 자아를 부정할 뿐만 아니라 그것을 삶과 학문의 선험적 근거로 간주하지도 않았다. 그렇지만 이 사상 흐름도 전자의 사상 흐름 못지않게 적극적으로 자아나 자아 정체성 개념을 옹호하려고 하였다.

찰스 테일러는 자아 개념을 공격하는 타자의 철학에 회의적이었다. 그는 대화와 서사적 탐색을 통해서 자아 정체성 개념을 정당화하려고 하였다. 그러기 때문에 자아는 고정되어 있지도 실체일 수도 없을 것이다. 이런 점에서 그는 칸트나 후설보다 훨씬 더 현실적으로 자아 개념을 보았다고 평가할 수 있을 것이다.

그러면 그의 자아 해석에 관해 몇 마디 논평을 하고 싶다. 우선 그는 자아실현의 역설을 통해 동서사상의 만남을 꾀했던 에리히 프롬의 탁월한 시도를 전혀 고려하지 않았다. 그는 유태교-기독교 적인 흐름에서 자아의 소멸과 초월이라는 전통을 간과하고 아우구스티누스의 교부철학이 서양의 자아 해석의 출발점이라고 간주했을 뿐이다. 기독교의 전통에서는 에크하르트, 야코프 뵈메, 윌리엄 블레이크 등의 신비주의 전통이 엄연히 존재하고 있었지만 그는 이 전통도 아예 무시하였다. 이 전통에서는 신과의 만남을 통해 자아는 소멸되고 초월된다. 단적으로 그는 유태교-기독교적 전통이 자아 해석의 근거라고 잘못 보았다. 유태교-기독교적 전통에 자아를 강조하는 흐름이 있긴 하다. 하지만 자아를 확보하고 탐구하려는 경향은 아무래도 희랍철학의 전통에 뿌리를 내리고 있다. 아우구스티누스의 교부철학에 나타난 자아성찰의 요구는 플라톤철학에 바탕을 두고 있기 때문이다. 게다가 이런 경향이 근대에 들어서서는 자본주의와 맞물려 있음을 그는 별로 관심을 두지도 않았다.

그는 자아에 관한 한 서양 중심적 경향을 여전히 벗어나지 못하였다. 그가 서양철학과 문화에서 자아의 원천들을 찾으려고 했으며 그것을 소중한 전통으로 여기고 있는 듯하다. 따라서 그의 그런 작업은 서양이 자아의 원천이 자리 잡은 곳임을 분명히 드러내주었다. 그러나 도리어 그의 그런 작업은 자아가 문화적으로 구성되며 서양문화에만 국한되어 보편적일 수 없음을 드러낼 수도 있을 것이다. 이런 맥락에서 자아란 서양문화가 만들고 꾸며낸 허구일 수 있을 것이다.

『나를 향한 열정』에서도 이미 지적했듯이 '나'는 구체적으로 실존하는 인물이지 추상적인 자아는 아니다. 이런 인물의 정체성은 규정될 수 있어도 추상적 자아의 정체성은 규정될 수 있는 건 아니다. 추상적 자아는 '나는 나다'라고 언급될 수 있을 뿐 구체적으로 규정될 수 있는 게 아니기 때문이다. 그리고 개인의 구체적 정체성은 오늘날 끊임없이 변한다. 그렇다면 그것은 해체되지 않을 수 없다. 그런 맥락에서 자아 정체성을 공동체적으로 파악하려는 시도는 신기루 같은 자아를 파악하려는 헛된 시도가 아닐까.

그러면 왜 이런 시도를 매킨타이어, 샌델, 찰스 테일러 같은 세계적인 사상가들이 악착같이 고수할까? 그들이 자아를 탐구하고 확보하려는 서양문화 안에서 태어나고 자라나서 공부했기 때문일 것이다. 서양문화에서는 어릴 때부터 가정이나 학교에서 자아를 확립하고 개성을 강조하는 교육을 실시한다. 철들기 전에 습득했던 내용은 바뀌기 어려운 고정관념이 되어 좀처럼 사라지지 않는다. 한국에도 세 살 때 버릇 여든까지 간다는 속담이 있지 않은가. 세계적인 사상가라고 하더라도 이런 고정관념에서 벗어날 수 없었을 것이다. 그리고 그들은 그것을 도리어 자랑스럽게 여겼을 것이다.

4) 서양철학의 자아사상 비판

앞에서 상호주관적 관계로 자아를 정당화하려는 철학을 설명하면서 비판을 약간 가하긴 했다. 하지만 여기서 자아를 옹호하려는 철학을 전체적으로 여러 각도에서 비판을 가해보자.

서양철학의 자아 탐구는 비록 근대에 이르러서 본격적으로 개시되었지만 견고하고 치열했으며 다채롭게 전개되었다. 인간에게는 나에 집착하는 경향이 강하기 때문에 동양철학이든 서양철학이든 간에 이런 경향을 벗어날 수는 없을 것이다. 그러나 동양철학은 대체로 이런 경향을 벗어나려고 한다. 그 반면에 서양철학은 데카르트의 합리론으로부터 칸트의 비판철학을 거쳐 후설의 현상학에 이르기까지 선험적 자아를 정당화하고 추상적 자아 개념을 확보하려고 엄청난 사고실험을 감행하였다. 그리고 영국의 경험론은 선험적 자아를 부정하긴 했지만 경험적인 자아를 고수하였다. 그러다가 20세기 중반에 이르러 타자의 철학이 등장하여 자율적 주체를 공격함으로써 자아가 부정되진 않았지만 상당한 타격을 당했다. 하지만 곧바로 자율적 주체를 상호주관적으로 정당화하려는 호네트, 샌델, 찰스 테일러 등의 철학이 등장해 타자의 철학을 압도하기 시작했다. 이런 식으로 서양철학에서 자아를 편드는 쪽이 결국 승리를 거두었다고 볼 수 있으리라.

이게 끝은 아니다. 과학자들 중에서도 서양철학의 자아 개념을 받드는 사람들이 더러 있다. 인공지능을 연구하는 과학자들 중에 커즈와일은 뇌를 스캔하여 자아 프로그램을 추출하고 이 자아 프로그램을 통하여 영생을 꾀할 수 있다고 생각했다. 이런 식의 생각에 토대를 둔 SF 영화도 많이 만들어졌다. 이런 예들은 서양철학의 자아 탐구가 철학에만 한정되는 게 아니라 서양문화 전반에 깔려 있음을 보여주는 유력한 증거라고 볼 수 있을 것이다.

자아가 실체로 간주되어 나의 몸을 떠나 존재할 수 있다고 보기 때문에 이런 발상이 가능할 것이다. 그러나 자아가 내 몸을 떠나 인터넷을 떠돌아다닐 수 있을까? 이런 자아라면 인터넷 유령이라고 불러야 할 것이다. 그리고 변하지 않는 자아 정체성은 자아의 영속성을 전제하고 있을 것이다. 그렇다면 과연 SF 영화에 나오는 자아의 영속성은 어떻게 확보될 수 있는가? 불교의 윤회 사상에도 자아의 영속성이 가정된다. 그러나 불교에서는 자아 정체성은 문제시되지 않고 전생의 업보에 의해 윤회가 이루어지므로 자아의 영속성이 가능할 수 있다. 불교와는 달리 커즈와일의 과학적 상상이나 SF 영화에서는 업보라는 개념이 없으면서도 자아 정체성은 유지된다. 그것은 논리적으로 가능한 일이 아니다. 커즈와일은 패턴의 유사성을 통하여 이 문제를 해결하려고 하지만 몸을 떠난 자아는 패턴도 달라지지 않을 수 없다. 자아가 몸을 떠나 존재할 수 없을 뿐만 아니라 설령 그렇다고 하더라도 그런 자아는 나의 자아가 아니기 때문이다. 따라서 그의 발상은 나에 대한 집착이 낳은 과학적 공상에 불과할 것이다.

선험적 자아를 주장한 철학자들 가운데서 가장 대표적인 철학자는 칸트다. 칸트는 범주가 감성적 직관의 잡다한 내용과 결합되어 그것에 통일적으로 적용되기 위해서 선험적 자아를 상정하였다. 그러므로 칸트철학에서는 자아야말로 인식을 가능하게 해주는 선험적 근거다. 그러나 인공지능은 자아가 설계되어 있지 않더라도 알고리즘에 따라 사람의 음성과 얼굴을 인식하며 사물을 식별한다. 그뿐만 아니라 그것은 이미 복잡한 패턴을 인식할 수 있기 때문에 상황의 맥락도 어느 정도 파악할 수 있다. 인공지능의 이러한 인식은 인공신경망의 알고리즘과 데이터의 기계학습을 통해 이루어질 뿐이지 자아를 상정할 필요가 없다. 다시 말해 인공지능에게는 자아 대신에 알고리즘과 데이터를 통한 기계학습이 필요할 뿐이다. 그것은 자아 없이도 인간만큼, 아니 인간보다 더 뛰어나게 인식할 수 있다. 지금은 특수한 몇몇 분야에서만 인간을 능가하고 있지만 앞으로 모든 분야에서 인간을 능가하는 범용 인공지능이 머지않아 나올 것이다. 그렇게 되면 자아는 귀찮은 문화적 유산이 될지 모른다. 자아는 더 이상 삶과 학문의 근거가 될 수 없으며 사고실험에 의해 추상적으로 이끌어낸 허구임이 점점 더 명백하게 드러날 것이다.

선험적 자아가 사고실험에 의해 추상적으로 이끌어낸 허구라면 그것은 과학적으로 증명될 수도 발견될 수도 없을 것이다. 자아는 인간의 몸, 감각작용, 지각작용, 사고작용, 의지작용이 한데 모여 만들어낸 부산물에 불과하기 때문이다. 선험적 자아를 상정하지 않아도 우리는 인식할 수도 있고 예지적 자아를 상정하지 않아도 우리는 도덕적 주체로서 행위를 할 수도 있다. 이미 신경과학에서 자아중추가 없다는 것이 증명되지 않았는가.

또한 그것은 문화적으로 꾸며낸 특수한 추상적 개념이기도 하다. 서양문화 이외의 어떤 문화에서도 선험적 자아라는 개념은 없기 때문이다. 게다가 '나'라는 1인칭 대명사가 나라는 자아가 있는 것 같은 혼동을 자아내기도 한다. 그것은 나라는 사람을 가리키는 대명사이지 나의 자아를 가리키는 것이 아니다. 이것은 현대 분석철학이 거둔 성과이다.

서양철학에서는 자아를 정당화하고 정체성을 포착하기 위한 시도가 공동체주의에 이르기까지 끈질기게 이어져왔다. 자아를 실체로나 주체로 확보하려는 서양철학의 시도는 공동체주의의 상호주관적 자아에서 그 정점을 맞이했다. 상호주관적 관계가 현실적으로 실존하는 인간의 정체성을 구성하는 근거일 수는 있을 것이다. 그러나 그것이 자아를 정당화하거나 자아 정체성을 구성하는 논리적 근거일 수는 없을 것이다. 상호주관적 관계는 자아를 정당화하는 근거가 아니라 거꾸로 자아를 해체하는 근거여야 할 것이다.

자아란, 선험적 자아이든 경험적 자아이든 간에, 추상적 개념에 불과하다. 상호주관적 자아도 선험적 자아나 경험적 자아와 마찬가지로 추상적인 개념이며 이야기로 꾸며낸 허구이다. 그 반면에 '나'라는 바로 이 사람은 다른 사람들과 부대끼고 대화하면서 살아가는 현실적 인간이다. 따라서 자아가 아니라 이 사람이야말로 상호주관적 관계를 통해서 그 정체성이 구성될 수 있을 것이다.

자아를 상호주관적 관계로 정당화하려는 시도는 그럴듯하게 보이지만 선결문제 미해결의 오류를 범하는 듯하다. 자아가 구체적 현실과 연결되어 상호주관적 관계로 정당화되기 전에 그것이 실체로서나 자율적 주체로서 우선 증명되어야 한다. 그러나 앞의 시도에서는 그런 증명은 생략된 채 자아 자체가 당연히 존재하는 것처럼 가정된다. 앞의 시도는 자아가 자율적 주체임이 이미 전제되고 그러고 나서 이 주체가 상호주관적으로나 공동체주의적으로 정당화되기 때문이다. 그런 점에서 앞의 시도에서는 선결문제 미해결의 오류가 생기는 셈이다. 그래서 앞의 시도는 자아에 끈덕지

게 집착하는 서양철학의 몸부림이라고 볼 수 있을 것이다. 게다가 상호주관적 자아란 추상적인 자아가 구체적 현실과 결합된 기묘한 개념이지 않겠는가.

이런 맥락에서 서양철학의 자아사상을 동양철학의 관점에서도 두어 가지 비판해보자. 우선 달마가 양 무제와 만나 나눈 대화를 감상해보자.

> 양 무제가 달마에게 물었다.
> "어떤 것이 '성스러운 진리의 핵심'인가?"
> 달마가 말했다.
> "확연무성(廓然無聖, 텅 비어서 성스러운 진리마저 없다)."
> 무제가 말했다. "(그렇다면) 짐을 대한 자는 누구인가?"
> 달마가 말했다. "불식(不識, 모른다)."
> 무제는 달마의 말을 알아듣지 못했다.
> (그래서) 달마는 양자강을 건너 위나라로 갔다.[42]

이 대화는 달마가 중국에 처음 들어왔을 때 양 무제가 그를 초청하여 나눈 대화다. 이 대화는 달마의 공(空) 사상이 명확히 드러나 있지만 양 무제는 이를 깨닫지 못하였다. 양 무제는 자신이 많은 절을 짓고 많은 승려를 배출했다는 공덕을 달마로부터 인정받고 싶어 했지만 그는 공덕이 없다고 잘라 말했다. 이에 화가 난 무제가 당신의 정체가 뭐냐고 달마에게 물었다. 나도 공하고(我空) 이 세상도 공한데(法空) 나의 정체를 어찌 알 수 있겠는가. 그래서 달마는 모른다고 대답했을 것이다. 이 대화에서 보듯이 자아

---

42) 원오극근, 『碧巖錄』, 석지현 역주, 민족사, 2007, p.73.

도 부정되고 정체성도 밝힐 수 없을 것이다. 서양철학의 자아 탐구는 불교철학의 관점에서는 나에 대한 집착을 극명하게 보여주는 사례이리라.

상호주관적 자아에서는 자아는 타자의 인정에 의존한다. 이건 얼핏 보면 맞는 말인 것 같다. 그러나 이것은 자아를 탐구하고 확보하려는 문화에서만 나올 수 있는 생각이다. 타자의 인정을 갈구하고 그것에 목매달고 살아가는 문화 말이다.

『논어』에서는 이와는 상반되는 공자 말씀들이 많이 기록되어 있다: "사람들이 알아주지 않더라도 서운해하지 않는다면 군자가 아니겠는가?(人不知而不慍 不亦君子乎)",[43] "남이 나를 알아주지 못함을 걱정하지 말고, 내가 남을 알지 못함을 걱정해야 한다(不患人知不己知 患不知人也)."[44] 내가 덕을 쌓고 인격을 수양하며 능력을 기르는 일이 우선이다. 남이 나를 알아주는지는 그다음 일이다. 남이 나를 알아준다면 좋지만 남이 날 알아주지 않아도 괜찮다. 남의 인정을 구하려고 전전긍긍하지는 않을 것이다. 이런 동양문화에서는 인정투쟁이란 자리 잡기 힘들다. 따라서 헤겔, 특히 호네트가 중시하는 인정투쟁은 자아를 탐구하고 확보하려는 서양문화에서만 나올 수 있는 사상이라고 봐야 할 것이다.

그러면 자아를 확보하고 탐구하려는 서양문화의 경향은 아무런 의미도 없고 잘못된 것일까? 그 방향은 잘못되었고 21세기 인공

---

43) 성백효 역주, 『論語集註』, 전통문화연구회, 2016, p.29.
44) 앞의 책, p.49.

지능 시대에도 걸맞지 않는 것 같다. 그러나 그것을 마냥 내칠 게 아니라 무아의 새벽으로 넘어가는 역사적인 한 단계로 해석하는 시각이 바람직할 것 같다. 자아에 강렬하게 집착하는 시대는 우리가 자아를 털어버리고 무아의 시대를 준비하고 무아의 새벽으로 넘어가는 역사적 한 단계일 수 있기 때문이다. 또한 생애주기의 관점에서도 우리는 자아를 고려해볼 수도 있을 것이다. 자아를 확보하고 탐구하려는 서양문화의 경향은 생애주기에서 유아기의 미성숙한 단계에 속하는 것으로 볼 수도 있을 것이다. 유아가 어른이 되어 성숙해지면 이런 미성숙한 단계가 극복되어 그는 무아의 길에 들어설 수 있을 것이다.

결국 나는 현실에서 구체적으로 실존하는 사람이지 자아(self, ego)가 아니다. 자아란 서양문화에서 공들여 꾸며낸 허구이리라. 그러므로 나를 찾아 헤매다가 찾을 나도 결국 사라져버릴 것이다.

제2장

무아의 새벽

1) 무아의 새벽과 그 시대적 요청

서양철학에서 자아를 확보하고 탐구하려는 경향이 대세를 이루고 있지만 자아의 황혼을 지적하는 경향도 무시할 수는 없다. 자아의 황혼은 무아의 새벽을 예고한다. 그럼 무아의 새벽이 동트지 않을 수 없는 시대적 요청을 4차 산업혁명, 생태계 파괴와 환경오염, 욕망의 블랙홀이라는 세 가지 측면에서 살펴보자.

첫째로, 4차 산업혁명은 무아의 새벽을 일깨운다. 4차 산업혁명이라는 용어는 슈밥이 유행시킨 용어다. 그는 1·2·3차 산업혁명과는 다른 4차 산업혁명의 특징을 속도, 범위와 깊이, 시스템 충격의 세 분야에서 찾았다. "1차 산업혁명은 물과 증기의 힘을 이용해서 생산을 기계화했다. 2차 산업혁명은 전기의 힘을 이용해서 대량생산의 길을 열었다. 3차 산업혁명은 전기 및 정보기술을 통해 생산을 자동화했다. 이제 4차 산업혁명은 물리학과 디지털 그리고 생물학 사이에 놓인 경계를 허무는 기술적 융합이 특징이다."[45] 이러한 기술적 융합은 앞선 산업혁명과는 달리 기하급수적 기술발전 속도, 광범위한 산업적 파급효과와 사회적 충격

---

45) 클라우스 슈밥, 『4차 산업혁명의 충격』, 김진희 외 옮김, 흐름, 2016, pp.17~18.

이라는 특징을 유발한다.

그러나 『엔트로피』의 저자인 리프킨은 현재 진행되고 있는 기술적 발전은 4차 산업혁명이라기보다는 3차 산업혁명의 연장이라고 보았다. 그리하여 4차 산업혁명이라는 "이러한 표현의 타당성은 역사가 결정할 것이며, 아직 진행 중인 사건을 두고 '이미 와 있는 미래'라고 이야기하는 것은 다소간 성급한 결론이라고"[46] 보는 견해도 있다. 그러나 여기서는 4차 산업혁명이란 용어가 널리 사용되고 있기 때문에 이 용어를 받아들이도록 하자.

4차 산업혁명의 바탕이 되는 기술은 뭐니 뭐니 해도 디지털기술이며 디지털기술 가운데서도 인공지능이다. 지금 진행되고 있는 4차 산업혁명은 인공지능, 사물인터넷, 가상현실 등의 디지털기술을 기반으로 삼아 생명공학기술, 신경기술, 에너지기술, 나노기술, 로봇공학기술 등과 융합시켜 나가고 있다.

4차 산업혁명에서 가장 중요한 기술인 인공지능은 모든 산업 분야에 적용될 뿐만 아니라 여태껏 기계가 할 수 없었던 인간 고유의 영역까지 넘보고 있으며 인간의 지성은 물론 창의성까지도 넘어서려고 하고 있다. 인공지능은 바둑, 체스 등의 게임 영역에서는 이미 인간을 능가했고 음악, 미술, 문학의 예술 영역까지도 인간에 근접하는 능력을 보여주고 있다. 그리하여 그것은 사유(thinking)에 대한 인간의 특권을 상당히 무너뜨리고 있다.

인공지능이 언제쯤 초지능(superintelligence)으로 진화할는지 확

---

46) 김성동, 『4차 산업혁명과 인간』, 연암서가, 2018, p.6.

실히 알 수는 없다. 하지만 우리의 일반적 예상보다 더 일찍 올지 모른다. 만일 초지능이 출현한다면 한편으로는 그것은 인간의 추상적 자아 개념을 쓸모없는 것으로 만들 것이다. 인공지능의 시대는 인간, 기계 그리고 자연이 서로 연결되어 공존공생 해야 하기 때문이다. 다른 편으로는 인공지능은 데이터를 통한 기계학습을 통해서 패턴을 인식하기 때문에 분명히 우리의 문화에 기반을 두게 되며 우리를 닮을 것이다. 따라서 우리가 자아를 확보하고 탐구하는 문화에 젖어 있다면 인공지능도 그럴 것이고 인간이 자연을 지배하려 하듯이 초지능도 인간을 지배하려고 할지 모른다. 이런 점에서 자아를 확보하고 탐구하려는 문화를 자아를 없애고 지워나가려는 문화로 바꿔야 할 시대적 요청이 나올 것이다.[47]

오늘날 자아 정체성도 점차로 혼란스러워지고 있다. 온라인 정체성과 오프라인 정체성이 달라질 수 있다. 예컨대, 오프라인에서는 얌전하고 착한 사람이 온라인에서는 사나운 악플러가 된다. 오프라인에서는 파리도 죽이지 못할 정도로 겁이 많은 사람이 온라인에서는 잔인한 살인마가 될 수도 있다. 그렇다면 어느 쪽이 진짜 나일까? 어느 쪽도 진짜 내가 아니다. 진짜 나는 어디에도 없을 것이다. 이 시대에 나의 정체성이란 물론 오래 지속될 수도 있겠지만 우리가 언제든지 벗어던지고 새로 쓸 수 있는 가면이 아닐까.

둘째로, 생태계 파괴와 환경오염은 무아의 새벽을 요청한다. 오늘날 지구촌은 인간이 스스로 초래한 생태계 파괴와 환경오염으

---

47) 조홍길, 『나를 향한 열정』, 한국학술정보, 2017, p.57 이하 참조하라.

로 무척 곤욕을 치르고 있다. 기후변화는 남극과 북극의 얼음을 녹여 북극곰과 남극 펭귄의 서식처를 위협하고 있다. 게다가 기상 이변을 유발하여 폭염, 폭한, 홍수와 가뭄 등으로 현존하는 인간의 삶을 위협하고 있을 뿐만 아니라 자라나는 세대의 미래를 짓밟고 있다. 바다는 쓰레기 더미로 이미 오염되어 있고 심해나 아마존 밀림 한가운데서도 쓰레기가 발견될 지경에 이르렀다. 그리고 인간이 바다에 버린 엄청난 플라스틱이 잘게 쪼개져 바다에는 더 이상 분해되지 않는 미세 플라스틱으로 가득 차 있다. 미세 플라스틱은 먹이사슬을 통해 물고기를 먹고 사는 인간도 오염시킨다. 그럼에도 불구하고 기업은 이윤추구를 위해 플라스틱을 계속해서 생산하고 있으며 소비자도 생활의 편의를 위해 플라스틱 쓰레기를 만들어내고 있는 실정이다.

80억 명이나 되는 지구촌 사람들이 에너지를 펑펑 쓰고 쓰레기를 마구 버려 지구를 결딴내고 있다. 지구 생태계가 망가지고 환경오염이 심화된다면 인간은 도대체 어디에서 살아갈 수 있겠는가. 인간이 지구를 망가뜨려놓고 식민지를 개척하듯이 저 먼 우주로 나가야 할 것인가. 그것이 기술적으로 가능할 수 있을지 모르겠으나 경제적으로는 불가능한 일이다. 따라서 인류는 지구 생태계를 떠나서 살아갈 수 없다.

인간의 생명은 지구 생태계, 즉 생물권에 묶여 있다. 지구 생태계는 돈벌이를 위한 물적 자원이나 자산이 아니다. 지구 생태계를 자산의 관점에서 접근하려는 경제학은 비합리적일 뿐만 아니라 파괴적이다. 그런 경제학에 대하여 케이트 레이워스는 다음과 같이 경고하고 관계의 존재론을 예고하였다.

> 그렇기 때문에 '자연 자본'이니 '생태계 서비스'니 하는 말을 쓰면 양날의 칼과 같은 결과가 나온다. 이 이름들은 단순히 우리 생명 세계를 인간의 물적 자원이라는 지위에서 빼내 인간의 대차대조표에서 자산 쪽으로 옮겨놓은 것에 불과하다. 북아메리카 원주민인 이로쿼이 노논다가 부족의 추장 오렌 라이언스가 버클리대학교 천연자원대학에서 초청받아 강연을 하면서 바로 그런 위험성을 강조했다. "여러분이 '자원'이라고 부르는 것을 우리는 '친척'이라고 부릅니다. 친척이나 상호관계라는 관점에서 생각한다면 그 대상을 더욱 잘 대접할 수 있지 않겠습니까? 관계라는 관점으로 돌아갑시다. 그것이야말로 우리 생존의 기초니까요." … 이제 우리는 인간을 서로 관계 맺는 존재로, 그리고 우리 말고도 여러 생명체가 살고 있는 이 지구라는 터전과 새롭게 관계 맺는 존재로 다시 그릴 때다.[48]

이런 관계에서는 인간의 자아를 탐구하고 확보하려는 경향은 사라지지 않을 수 없을 것이다. 자아를 탐구하고 확보하려는 문화로부터 자아를 지우고 없애려는 문화로 바뀔 때 우리는 자연과 친척으로서 관계를 맺을 수 있다. 그런데 자아를 탐구하고 확보하려는 문화는 자본주의사회에서 주로 번성한다는 것을 우리는 잘 생각해봐야 할 것 같다.

셋째로, 욕망의 블랙홀은 우리의 자아를 되돌아보게 한다. 오늘날 지구적 자본주의는 지구촌을 욕망의 블랙홀로 만들어가고 있

---

48) 케이트 레이워스, 『도넛 경제학』, 홍기빈 옮김, 학고재, 2018, pp.138~151. 추장 오렌 라이언스의 말은 그가 버클리대학에서 강연한 연설문과 대조해서 온전히 인용했다. 그의 연설문은 **https://nature.berkeley.edu/news/2005/05/fall-2005-commencement-address-chief-oren-lyons**에서 찾을 수 있을 것이다.

다. 우리는 부나비가 불을 쫓듯이 돈을 좇고 마르크스가 19세기에 이미 경고한 물신숭배에 깊이 물들어 있다. 우파든 좌파든 간에 가릴 것 없이 온통 사람들은 돈, 권력, 명예 등을 좇고 쾌락과 안락한 삶을 추구하고 있다. 한때 우리의 열정을 사로잡고 가슴을 뛰게 했던 숭고한 이념이나 이상조차도 돈과 권력에 오염되어 버렸다. 그리하여 그것은 돈과 권력을 쟁취하기 위한 수단으로까지 전락했다. 지구촌에 사는 80억의 사람들은 거의 아무도 이러한 물화로부터 벗어나지 못할 것이다. 그리하여 80억의 사람들은 욕망의 블랙홀에 빠져 헤어 나오지 못하고 지구를 갉아먹고 사는 기생충이 되어버렸다.

이런 욕망의 블랙홀을 벗어날 수 있는 뾰족한 해결책은 없는 것 같다. 그렇다고 우리는 마냥 손 놓고 있을 순 없다. 욕망의 블랙홀을 완화하는 길은 있을 수 있다. 서양철학의 자아사상은 욕망의 블랙홀을 점점 더 크게 키울 수 있을 뿐이다. 그 반면에 동양철학의 무아사상은 욕망의 블랙홀을 완화할 수 있는 지혜를 줄 수 있다. 그러므로 우리는 무아의 길을 선택해야 할 것이다.

동양철학, 특히 불교철학과 도교철학은 자아를 욕망의 근원이라고 간주하였다. 그래서 불교철학에서는 자아를 지워버리려고 하였으며 도교철학에서는 잊어버리려고 하였다. 불교철학의 무아사상은 『나를 향한 열정』에서 이미 많이 다루었기 때문에 여기서는 생략하고 도교철학의 무아사상을 잠깐 살펴보자. 그것은 『조선도교사』 역자의 해설에 명쾌하게 제시되어 있다.

천도(天道)는 무위(無爲)요, 무지(無知)다. 바꾸어 말하면 그 운용하는 하등의 의식도 없고 계획도 없다. 그러려면 사람은 「나(自我)」를 버려야 한다. 이 자아야말로 모든 욕망을 일게 하여 허명(虛名), 허상(虛相)에 미혹게 하는 원천이다. 이 실상 아닌 허상의 추구는 인간의 간지(奸智)를 자아내게 하고 모든 앙화(殃禍)를 일으킨다.[49]

이런 글은 21세기를 살아가는 우리에게 고리타분하게 느껴질는지 모르겠다. 그리고 이런 무아사상을 우리가 오늘날 결코 그대로 따를 수도 없을 것이다. 그건 무리할 뿐만 아니라 바람직하지도 않기 때문이다. 그렇지만 무아사상의 방향은 분명히 옳다고 봐야 하지 않을까.

2) 관계의 존재론[50]과 만물일체론

관계의 존재론과 만물일체론은 무아사상의 또 다른 표현이다. 나의 자아는 관계의 존재론과 만물일체론에서 소멸되어 버리기 때문이다. 존재하는 모든 것이 서로 얽혀서 관계하고 있다면 나의 자아를 군이 상정할 필요가 없다. 만물이 한 몸으로 서로 얽혀 있다면 자타의 구별은 사라지고 나의 자아도 사라진다. 그러므로 관계의 존재론과 만물일체론은 무아사상과 표현만 다르지 일맥상통하는 사상이다.

---

49) 이능화, 『조선도교사』, 이종은 옮김, 보성문화사, 1977, p.12.
50) '관계의 존재론'이라는 용어는 없다. 그것은 관계를 강조하기 위해 본인이 만든 용어다. 서양학자들은 이 용어에 갈음하는 '상관적 사유'라는 용어를 사용한다. 그리고 한국의 학자들도 '상관적 사유'라는 용어를 그대로 답습하고 있다. 이 용어뿐만 아니라 동서사상을 비교하는 생각도 차용하고 있다. 그러나 동아시아 학자들의 입장은 서양 학자들의 입장과는 사뭇 다르다. 그렇다면 우리는 그들과는 다른 사유를 펼쳐나가야 하지 않을까.

(1) 관계의 존재론

관계의 존재론은 동양철학에도 나오고 서양철학에도 나온다. 그것은 서양철학에서는 헤겔의 『논리학』에 체계화되어 서술되어 있다. 그리고 동양철학에서는 불교의 연기사상과 역의 음양사상에서 뚜렷하게 드러나 있다.

그러나 이 사상들은 사뭇 다르다. 서양 형이상학의 정점에 도달한 헤겔의 형이상학은 이성과 분석적 사고에 바탕을 두고 있으며 무에 대한 유의 우위, 자연에 대한 정신의 우위, 상징에 대한 개념의 우위를 전제한다. 그 반면에 역과 불교는 내적 체험과 직관적 사고에 바탕을 두고 있고 무나 공을 중시하며 상징이나 비유를 통해 깨달음을 드러낸다.

이 사상들이 문화적 맥락과 전통에서 이렇듯 이질적이기 때문에 그것들이 만나기에는 결코 쉬운 일이 아닐 것이다. 그러나 이 사상들의 문화적 폐쇄성을 해체하고 보편적 사상 핵심에까지 뚫고 들어간다면 이 사상들은 관계의 존재론에서 만날 수 있을 것이다. 그리하여 여기서는 데리다의 해체적 방법을 동서사상의 만남에 적용하여 서양중심주의와 유와 무, 자연과 정신, 상징과 개념의 위계질서를 우선 해체해야 할 것이다. 그러면 헤겔의 형이상학, 불교의 연기사상 그리고 역의 음양사상을 차례대로 살펴보자.

① 헤겔의 형이상학

헤겔은 형이상학을 『논리학』에서 서술하였다. 헤겔의 『논리학』은 크게 보아 객관적 논리학과 주관적 논리학으로 나뉜다. 객관적 논리학은 서양의 전통적 형이상학을 변증법을 통하여 비판적으로 재구성한 논리학이며 「유론」과 「본질론」을 포함한다. 주관적 논리학은 자아의 주관성을 토대로 개념의 변증법적 운동을 서술한 논리학이며 「개념론」이 이에 해당한다. 그는 「개념론」이 「유론」과 「본질론」보다 우위에 있음을 「유론」— 「본질론」— 「개념론」의 구성을 통하여 분명히 드러내었다. 따라서 그는 고대의 존재론보다는 주관성의 형이상학이 우위에 있다고 보았다. 주관성의 형이상학은 동양철학에서는 찾아볼 수 없고 서양철학의 정점을 차지하므로 헤겔 『논리학』의 이러한 위계질서는 서양중심주의라고 간주될 수 있을 것이다. 또한 자연에 대한 정신의 우위와 상징에 대한 개념의 우위도 엿볼 수 있다. 그러나 우리가 이러한 위계질서를 해체한다면 「유론」과 「본질론」에서, 더 나아가서 「개념론」에서도 관계의 존재론을 간파할 수 있을 것이다. 그는 주로 「유론」과 「본질론」에서 자기 부정적 관계에 근거해 서양의 전통적 존재론을 서술했다.

『논리학』에서 개념의 운동과 생성이 처음부터 끝까지 다루어지므로 생성의 변증법이 온 『논리학』의 기초가 된다. 그래서 『논리학』의 「유론」 서두에 생성의 순수한 개념을 제시된다. 생성의 변증법에서 개념의 운동은 유로부터 시작해서 무를 거쳐 생성으로 나아간다. 파르메니데스처럼 그는 거기서 유를 학의 시초로 삼았다. 그리고 무는 어둠이 빛의 결여이듯이 유의 결여, 즉 비유 (非有)에 불과하다. 그런 점에서 그는 유를 무보다 우위에 두었다. 『논리학』의 시초에서부터 서양중심주의가 엿보인다.

시초의 순수한 유는 아무런 규정도 내용도 없이 자신과 동등한 직접적인 것이다. 무도 아무런 규정도 내용도 없는 직접적인 것에 불과하다. 그렇기 때문에 유는 무로 이행해버리고 무도 유로 이행해버린다. 여기서 유로부터 무로 이행하는 소멸과 무로부터 유로 이행하는 발생이라는 상호적인 운동이 일어난다. 발생과 소멸이 서로 끊임없이 침투하고 상쇄되는 이런 운동 때문에 유도 무도 진리일 수 없다. 유와 무의 통일인 생성이 진리다. 이 생성의 개념에서 유와 무는 서로 대립하면서도 유는 무에 대한 관계에서, 무는 유에 대한 관계에서 존립한다. 그러므로 유와 무는 독자성을 잃고 생성의 계기로 전락한다.

시초에 나오는 생성의 변증법은 단순한 생멸을 다룰 뿐이지만 이 뒤를 잇는 어떤 것과 타자의 변증법에서는 변화를 다룬다. 이 변증법은 시초에 나오는 생성 개념보다 더 구체화된 생성 개념이다.

시초의 생성 개념에서는 유와 무가 그 계기들이지만 어떤 것에서는 어떤 것 자신과 그것을 부정하는 타자가 그 계기들이다. 어떤 것과 타자는 우선 질적으로 독자적인 것이지만 어떤 것은 타자와의 관계에서, 타자는 어떤 것과의 관계에서 존립할 수 있다.

그리하여 어떤 것에는 자신의 한계인 타자의 부정성이 내재한다. 이런 부정성을 통해 어떤 것은 끊임없이 타자로 변화한다.

그다음에 「본질론」으로 가보자. 우리의 인식은 유의 직접성에 만족할 수 없어서 유의 배후에 있는 본질로 파고 들어가려 한다. 유라는 가상을 헤치고 본질을 드러내는 개념의 운동이 반성이다. 이러한 반성의 운동에서 우리는 동일성, 차이, 대립 등과 같은 여러 반성규정들을 맞닥뜨리는데 여기서는 긍정적인 것과 부정적인 것이라는 반성규정만 살펴보자.

「본질론」의 반성규정인 긍정적인 것과 부정적인 것은 각각 「유론」의 유와 비유(非有)에 상응한다. 존재하는 모든 것은 그 자체로 대립적이며 긍정적인 것이거나 부정적인 것으로 규정된다. 이것들이 대립의 두 계기다. 빛과 어둠이라는 예를 들어본다면 이해하기 쉬울 것이다. 일단 빛은 긍정적인 것으로 어둠은 부정적인 것으로 간주된다. 그렇지만 빛은 어둠을 살라먹을 수 있으니 부정적인 것이기도 하고 어둠은 그 자체로는 긍정적인 것이다. 따라서 긍정적인 것과 부정적인 것은 서로 대립하면서도 서로 전화한다. "반성규정들의 진리는 그것들의 상호관계에서만 존립하고 따라서 각각의 반성규정은 그 개념 자체에서 다른 반성규정을 포함한다."[51]

여기서는 생성의 변증법과 반성규정의 변증법을 살펴보았을 뿐이다. 그러나 헤겔은 『논리학』에서 본질적 관계, 인과관계 등 관계의 여러 측면을 다루었을 뿐만 아니라 모든 활력과 운동의 원

---

51) G. W. F. Hegel, *Wissenschaft der Logik* II, Felix Meiner, 1975, p.56.

천인 부정성을 관계로 파악했다. 이런 맥락에서 존재하는 모든 것은 생멸변화 하고 있으며, 독자적으로 존립하는 게 아니라 타자와의 관계에서 존립할 수 있다는 사상이 헤겔의 『논리학』에서 나올 수 있을 것이다.

② 불교의 연기사상

연기사상은 불교철학의 기초이자 핵심사상이다. 그렇기 때문에 그것은 불교사상적으로 아함의 연기로부터 유식의 연기, 중관의 연기, 여래장의 연기를 거쳐 화엄의 법계연기로 전개되었다. 여기서는 아함의 연기와 법계연기만 살펴보겠다.

연기(pratītyasamupādah)는 어원적으로 '인과적 조건에 의해 일어난다'는 뜻이다. 바꾸어 말해 존재하는 모든 것이 독자적으로 존립할 수 있는 게 아니라 다른 것에 의존해서 존립할 수 있다는 사상이 연기사상이다. 그래서 연기사상에서는 존재하는 모든 것의 자성(自性)이 부정된다. 석가는 『아함경』에서 연기사상을 여러 가지 꼴로 다채롭게 설법하였다. 여기서는 유무(有無)와 생멸(生滅)이 등장하는 『잡아함경』의 구절을 살펴보자. "이것이 있기 때문에 저것이 있고 이것이 발생하기 때문에 저것이 발생한다. … 이것이 없기 때문에 저것이 없고 이것이 소멸하기 때문에 저것이 소멸한다."[52]

우리 중생은 어리석음과 탐욕으로 말미암아 생로병사의 고통이

---

52) 高楠順次郎 [編], 『大正新脩 大藏經』 第2券, 大正新脩大藏經刊行會, 1962-69, p.67.

생기므로 탐욕과 어리석음을 끊어서 해탈해야 한다는 뜻으로 이 설법은 보통 해석된다. 이런 해석은 옳은 해석이긴 하다. 하지만 여기에서 그친다면 연기사상이 함축한 심오한 사상, 즉 석가의 존재론적 통찰을 놓칠 수 있다.

석가는 세계의 유한이나 무한과 같은 열 가지 형이상학적 질문에 아무런 대답도 하지 않았지만 형이상학 자체를 부정한 적은 없다. 그리고 그는 연기사상의 심오한 뜻을 다 말할 수 없음을 강조하기도 했다. 그런 맥락에서 그의 설법에 나오는 12연기의 바탕에는 존재론적 통찰이 깔려 있을 수 있다. 이 통찰이란 존재하는 모든 것은 상호적으로 존립의 조건이 되어 서로 의존하고 관계하면서 생멸하고 변화한다는 것이다.

아함의 연기사상에 함축된 존재론적 통찰을 가장 잘 살린 불교사상이 바로 화엄의 법계연기다. 법계연기란 존재하는 모든 것이 인연에 따라 서로 의존하고 관계하여 인과적으로 걸림 없이 어우러진다는 사상이다.

법계(dharmadhātu)는 진리의 세계이자 깨달음의 세계를 뜻한다. 참된 법계는 하나이지만 징관은 ① 사법계, ② 이법계, ③ 이사무애법계, ④ 사사무애법계로 방편적으로 나누었다. 사법계는 존재하는 모든 것이 구별되어 존립하는 분별의 현상세계이고 이법계는 사법계의 근거가 되는 원리, 본체의 세계이며 이사무애법계는 개별적 현상이 원리, 본체와 어우러지는 세계다. 마지막으로 사사무애법계는 존재하는 모든 것이 원리, 본체의 도움 없이 원만하게 인과적으로 어우러지는 세계다. 이 네 가지 법계 중에 사사무애법계가 법계연기에 해당한다. "사사무애법계는 참으로 존재하는 궁극적이고 유일한 법계다."[53]

이 사사무애법계, 즉 법계연기를 법장은 인타라망의 상즉상입(相卽相入), 주반구족(主伴具足), 중중무진(重重無盡)이라는 비유를 통하여 다음과 같이 요약했다. "원교 가운데에 설한 오직 무진법계(無盡法界)에는 성해(性海)는 원융하며 연기(緣起)는 걸림이 없어서 상즉상입(相卽相入) 함이 인타라망(因陀羅網)이 거듭거듭 끝이 없고 서로 포용하여 주반(主伴)이 다함이 없는 것과 같다."[54] 상즉상입이란 존재하는 모든 것이 서로 대립하면서도 융화하여 하나가 되고 서로 작용한다는 뜻이다. 주반구족이란 존재하는 모든 것이 서로 번갈아 주인도 되고 손님이 되어 어우러진다는 뜻이다. 중중무진이란 이와 같은 관계가 끝없이 이어진다는 뜻이다. 따라서 이 인타라망의 비유는 존재하는 모든 것이 주인인 거울도 되고 손님인 거울에 비치는 상도 되어 하나가 되고 서로 인과적으로 원만하게 관계하여 무한하게 어우러진다는 뜻으로 이해할 수 있을 것이다. 이렇게 본다면 화엄의 법계연기는 아함의 연기에 함축된 석가의 존재론적 통찰을 『화엄경』에 근거하여 대승적으로 발전시킨 사상이라고 할 수 있을 것이다.

---

53) Garma C. C. Chang, *The Buddhist Teaching of Totality*, Pennsyvania University, 1991, p.153.
54) 법장, 『화엄경 탐현기』, 노혜남 옮김, 동국역경원, p.58.

③ 역의 음양사상

『주역』에서 음양은 이 세상을 파악하는 추상적 범주이자 존재론적 범주이다. 그렇기 때문에 어느 정도 형이상학이 발전되어야 이런 범주들이 나올 수 있다. 이런 점에서 『주역』의 괘사와 효사에는 아직 음양의 범주가 나올 순 없고 「계사전」 등에서야 비로소 등장하여 음양으로써 괘와 효가 해석된다.

역은 음양의 변화에 근거한다. 장자는 『남화경』의 「천하」 편에서 "역은 음양을 말하는 것이다"고 하였다. 주희도 역을 철저하게 음양의 변화에 근거해 이해했다. "『주역』은 다만 음양이 착종하고 교환하며 대신하여 바뀌는 것일 뿐이다"[55]고 그는 지적하였다. 정이천도 음양이 역의 핵심사상임을 강조하였다. "음양을 떠나면 다시 도가 없다."[56]

역을 해석하는 방식은 역사적으로 크게 두 가지 방식, 즉 상수역과 의리역이 있다. 그러나 상수역이든 의리역이든 간에 음양사상에 근거해 역을 해석한다.

음양사상이란 만사만물이 음양의 소장(消長)과 변화에 따라 바뀌고 변화한다는 사상이다. 음양사상에서 음과 양은 서로 대대(待對)한다. 음이 있으면 양이 있고 양이 있으면 음이 있다. 바꿔 말하자면, 양이 없으면 음이 없고 음이 없으면 양이 없다. 그러므로 음과 양은 서로 대립하고 의존하면서 관계한다. 그러면서 음

55) 김석진 감수, 『周易傳義大全』, 大儒學堂, 1996, p.33.
56) 앞의 책, p.1363.

은 양을 품고 있고 양은 음을 품고 있다. 그리하여 「계사전」에는 "한 번 음(陰)하고 한 번 양(陽)하는 것을 일컬어 도(道)라 한다"고 하였다. 이런 음양의 관계를 중국인들은 다음과 같은 태극무늬로 표현하였다.

앞의 그림은 음양의 관계가 대칭적 관계임을 잘 보여주고 있다. 어떤 대상에 변환을 가해도 그 대상의 전체적인 특성이 변하지 않을 때 이 변환은 대칭이다. 수학에서 대칭은 기본적으로 병진대칭, 반사대칭, 회전대칭 등이 있다. 물리학에서는 수학의 대칭과는 다른 미묘한 대칭, 즉 초대칭이 자연의 깊은 곳에 있다고 한다. 초대칭이란 물질 입자와 힘 입자가 동일한 무언가의 두 측면이라는 것이다. 물질 입자인 페르미온이 양자상태에 들어서면 힘 입자인 보손으로 변환되고 힘 입자인 보손도 마찬가지다. 이와 같이 음양도 태극이란 하나에서 둘로 나뉜 것이고 태극의 두 측면이며 음이 양으로, 양이 음으로 전환된다. "초대칭 변환은 물질 입자를 힘 입자로 바꾸고 힘 입자를 물질 입자로 바꾸기 때문에 두 종류의 입자가 동시에 존재할 수밖에 없는 이유를 설명해준다. … 겉으로 보기에 명백하게 정반대인 객체들이 초대칭을 통해 음양의 원리처럼 통일된 것이다."57)

---

57) 프랭크 윌책, 『뷰티풀 퀘스천』, 박병철 옮김, 흐름출판, 2018, p.394.

그럼 8괘와 64괘의 배열을 대칭의 관점에서 살펴보자. 복희씨는 8괘를 그어서 역학의 체계를 처음으로 세웠고 문왕은 8괘가 부족하다고 여겨 8괘를 중첩시켜 64괘를 만들었다. 그들은 상징을 통해서 철학적 체계와 사상을 표현하였다.

복희팔괘도에서 팔괘는 건, 태, 리, 진, 손, 감, 간, 곤으로 구성된다. 이 8괘의 배열은 음양의 대칭을 이루고 있다. 그리고 문왕팔괘도에 나오는 8괘의 수는 진 3, 손 4, 리 9, 곤 2, 태 7, 건 6, 감 1, 간 8이다. 낙서(洛書)와 같이 중앙에 5를 배치하면 8괘의 배열은 마방진을 형성한다. 이 마방진은 가로, 세로 그리고 대각선의 합이 각각 15이므로 대칭적이다.

64괘는 건괘, 곤괘로부터 시작해서 기제괘와 미제괘로 나아간다. 64괘도 아무렇게나 배열된 건 아니다. 64괘는 서로 인접한 괘들이 착괘나 반대괘를 이룬다. 착괘는 음양이 바뀌어 대립하는 두 괘이고 건괘(乾卦 ☰)와 곤괘(坤卦 ☷)가 그 하나의 예이다. 반대괘는 위와 아래로 나누어볼 때 나오는 두 괘인데 무망괘(无妄卦 ☶)와 대축괘(大畜卦 ☶)가 그 한 예이다. "64괘 순서의 배열은 상착 아니면 서로 반대되는 것으로 상착 혹은 서로 반대되는 두 괘상은 반드시 근접해 있다. 이것은 그들이 하나를 나누어서 있다는 것을 밝히고 있다."[58] 이렇게 본다면 64괘의 배열은 초대칭이며 이 초대칭은 서양의 양자역학적 초대칭과 일맥상통한다.

『주역』의 64괘는 만사만물을 상징한다. 64괘의 배열이 대칭적

---

58) 고회민, 『주역철학의 이해』, 정병석 역, 문예출판사, 1955, p.62.

관계로 이루어져 있다면 만사만물도 그럴 것이다. 그렇다면 존재하는 모든 것은 서로 얽혀 관계하고 있음을 우리는 추론할 수 있다. 따라서 64괘의 배열은 관계의 존재론을 함축한다.

앞에서 살펴보았듯이 관계의 존재론은 동서양에 공통되는 보편적 사상의 핵심이다. 여기에서 다루지는 않았지만 동서양의 다른 지역에서 나온 신화나 설화에서도 관계의 존재론이 반영되어 있다. 그리고 지구촌이 경제적으로나 사회적으로 그물처럼 연결되어 있고 지구 생태계가 망가지고 있는 오늘날에는 이 존재론이 절실하게 요청되고 있다.

(2) 만물일체론

만물일체론은 유교철학, 불교철학, 도교철학을 막론하고 동양철학에 공통적으로 등장한다. 화엄의 법계연기는 존재론으로서 자비를 통하여 만물일체론으로 나아가지 않을 수 없다. 그리고 장자의 만물제동(萬物齊同, 만물은 모두 등가다) 사상도 만물일체론을 함축한다. 정명도는 공자의 인(仁) 사상에 근거하여 만물일체론을 명백히 드러냈다.[59] 그 뒤에 왕양명도 인 사상에 근거하였지만 양지(良知)를 통해서 정명도의 만물일체론을 계승하고 발전시켰다.

---

[59] 공자의 인 사상에 대한 정명도의 해석은 독특할 뿐만 아니라 유교사상사에서 가장 중요한 역할을 했다고 시마다 겐지는 평가했다. 시마다 겐지, 『주자학과 양명학』, 김석근 외 옮김, 까치, 1986, p.56을 참고하라.

장자는 생사, 득실, 시비, 미추, 귀천 등의 차별을 넘어서서 자타의 구별이 없는 만물제동의 경지를 추구하였다. 이런 경지에서는 천지만물과 내가 둘이 아니고 하나가 된다. "천지는 나와 더불어 나란히 살아가고 만물은 나와 하나이다(天地與我並生 而萬物與我爲一)"(『장자』, 「제물론」). 따라서 장자의 만물일체론에서는 인간적 정서와 덕목의 요소가 들어설 여지가 없고 도리어 그것은 초월돼야 한다.

그러나 정명도의 만물일체론에서는 인간적 정서와 덕목의 요소가 개입된다. 맹자는 일찍이 측은해하는 마음(惻隱之心, 측은지심)과 남의 고통을 모른 체하고 지나치지 못하는 마음(不忍人之心, 불인인지심)을 인(仁)의 발단으로 삼았다. 이런 인간적 정서와 덕목의 요소가 있기 때문에 나와 남은 아무런 상관없이 살아가는 게 아닐 것이다. 정명도는 바로 이런 인에 근거해서 천지만물이 한 몸이라고 주장하였다. 한의학에서는 마비상태를 '불인(不仁)'이라고 표현한다. 만일 수족이 마비된다면 그것들은 자기 몸처럼 느껴지지 않을 것이다. 이와 마찬가지로 우리에게 어짊이 없다면 만물을 자기 몸처럼 여길 수 없을 것이다. 그러나 우리에게 어짊이 있기 때문에 자타의 구별을 넘어서서 만물을 자기처럼 여길 수 있다. "인이라는 것은 천지만물을 한 몸이라고 여기는 것이므로 자기가 아닌 게 없다. 천지만물을 모두 자기라고 생각한다면 어디엔들 미치지 못함이 있겠는가?(仁者以天地萬物爲一體 莫非己也 認得爲己 何所不至)"[60] 어짊이 나와 만물을 한 몸으로 이어주고

엮어주는 끈인 셈이다.

왕양명은 정명도의 이런 사상을 「대학문(大學問)」에서 다음과 같이 좀 더 구체적으로 드러내었다.

> 대인은 천지만물을 한 몸으로 여기는 사람인지라, 천하를 한집안처럼 보고, 중국을 한 사람처럼 본다. … 그러한 까닭에 어린아이가 우물에 빠지려는 것을 보면 반드시 두려워하고 근심하며 측은해하는 마음이 일어나는데, 이것은 그의 어짊이 어린아이와 더불어 한 몸이 된 것이다. … 새가 슬피 울고 짐승이 사지에 끌려가면서 벌벌 떠는 것을 보면 반드시 참아내지 못하는 마음이 일어나는데, 이것은 그의 어짊이 새나 짐승과 더불어 한 몸이 된 것이다. … 초목이 잘려져 나간 것을 보면 반드시 가여워서 구제하고 싶은 마음이 일어나는데, 이것은 그의 어짊이 초목과 더불어 한 몸이 된 것이다. … 기왓장이 무너진 것을 보면 반드시 돌이켜 회고하는 마음이 일어나는데, 이것은 그의 어짊이 기왓장과 더불어 한 몸이 된 것이다.[61]

주희는 인간에게는 하늘이 부여한 순수한 성품과 욕정이 섞여 있다고 보았기 때문에 심(心)과 성(性)을 구분하여 성이 곧 이(理)라고 하였다. 그렇기 때문에 주자학에서는 이(理)는 마음을 떠나 있는 것이다.

그러나 왕양명은 심과 성을 구분하지 않고 인간의 타고난 순수한 본성인 양지(良知, 옳음과 그름을 판단하여 옳음을 실천하려는 본성)의 마음이 곧 이(理)라고 하였다. 이를테면, 어버이에게 효도하는 마음이 있어야 그런 이(理)가 있고 임금에게 충성하는 마음이 있어야 그런 이(理)가 있는 법이다. 마음이 곧 이(理)고 우주를

---

60) 주희・여조겸 편저, 『근사록집해 1』, 이광호 역주, 아카넷, 2004, p.115.
61) 왕양명, 『전습록』, 정인재 역주, 청계, 2001, pp.933~934.

밝혀주는 것이므로 천지만물도 마음을 떠나 존재하는 게 아니다. 그리하여 우리의 마음을 가리고 있는 사사로운 욕심을 걷어내어 양지를 확충한다면 만물일체의 인(仁)에 도달할 수 있다고 보았다. "선생의 학문은 본심의 양지를 확충하여 '만물이 한 몸인 것'을 인(仁)으로 삼는 것이다."[62]

서양철학과는 달리 동양철학에는 자아를 확보하고 탐구하려는 경향이 없다. 왕양명의 만물일체론은 말할 것도 없다. 그의 만물일체론은 나와 너, 자기와 타자의 구분을 없애서 이상적 공동체인 대동사회[63]를 지향하려는 사상이기 때문이다.

3) 생명사상

무아의 새벽에는 관계의 존재론과 만물일체론은 물론 생명사상도 동반될 수 있을 것이다. 생명사상은 동서양에 걸쳐서 유서가 깊고 자주 등장하지만 『황제내경』의 생명사상과 베르그송의 생명사상이 대표적인 것 같다. 그러나 그것들이 생명을 보는 관점과 시각은 사뭇 다르다. 『황제내경』은 생명을 양생의 관점에서 파악하려고 하지만 베르그송은 창조적 진화의 관점에서 파악하려고 한다. 그럼에도 불구하고 『황제내경』과 베르그송은 생명을 형이상학적으로 탐구하고 본능과 시간을 강조했다는 점에서 유사하

---

62) 박은식, 『왕양명실기』, 이종란 옮김, 한길사, 2010, p.94.
63) 『예기(禮記)』 예운(禮運)편에 나오는 말이다. 신의가 존중되고 친목이 두터워져 누구나 제할 일이 있고 대접을 받고 살아갈 수 있으며 도덕이 통하는 세상을 가리킨다.

다. 그럼 『황제내경』과 베르그송의 생명사상을 간단히 살펴보자.

'생명이란 무엇인가'라는 질문은 막연한 질문일는지 모른다. 생명은 한마디로 정의하기에는 너무 큰 주제이기 때문이다. 그래서 생명은 여러 분야에서 다양하게 정의될 수 있고 정의하기도 무척 어렵다. 이런 어려움은 생명이 흐름이자 지속이기 때문에 생긴다고 할 수 있다. "'생명이란 무엇인가'라는 질문은 언어적으로 모순이다. 문법에 맞게 대답하려면 명사, 즉 구체적인 사물을 들어야 할 것이다. 그러나 지구의 생명은 오히려 동사에 더욱 가깝다."[64]

그렇다고 하더라도 대중적으로 널리 수용될 수 있으며 동서양에 걸쳐 두루 통할 수도 있을 만한 정의를 우리는 찾아봐야 한다. 그런 정의로는 생리적 정의가 가장 적당할 것 같다. "생명은 먹고, 신진대사를 하고, 배설하고, 숨 쉬고, 움직이고, 자라고, 생식하고, 자극에 반응하는 등의 기능을 할 수 있는 체계로 정의된다."[65]

우리는 과학의 발전에 따라 생명에 대한 이해가 분명히 깊어졌다. 그리고 생물학, 물리학, 화학 등에서, 요즘은 인공지능과 관련하여 생명을 새롭게 정의하려는 시도가 많이 나왔다.[66] 그러나 생명은 과학적인 접근만으로는 충분히 이해될 수 없고 철학, 특히 형이상학의 차원에서 다루어야 한다. 과학적인 접근 자체가 형이

---

64) 린 마굴리스·도리언 세이건, 『생명이란 무엇인가』, 김영 옮김, 리수, 2016, p.31.

65) 장회익, 『생명을 어떻게 이해할까?』, 한울, 2014, p.87. 이 책에서는 생명에 대한 다양한 정의가 소개되고 그 한계가 지적되고 있다.

66) 인공지능을 연구하는 물리학자인 테그마크는 생명을 자신의 복잡성을 유지하고 복제할 수 있는 과정, 바꿔 말해 자기 복제를 위한 정보 처리 시스템이라고 폭넓게 정의하였다(맥스 테그마크, 『라이프 3.0』, 백우진 옮김, 동아시아, 2017, p.43).

상학적인 문제를 야기하기 때문이다.

베르그송은 생명에 대한 과학적인 접근을 긍정하면서도 그 한계가 있다고 보았다. 그러한 접근은 기계론이나 목적론에 바탕을 두지만 생명은 기계론과 목적론을 넘어서기 때문이다. 그리하여 그는 당대의 과학적 성과를 받아들이면서도 형이상학적으로 생명을 탐구하였다. 그는 생명을 시간의 지속하는 흐름에서 파악하려고 하였다. 그리하여 그는 생명이 지속하지 않는 자기 동일적 자아와는 다르다고 보았다. "만약 우리의 존재가 무감동한 <자아>에 의해 종합되는 분리된 상태들로 구성되어 있다면, 우리에게 지속은 없을지도 모른다. … 이 견고한 것〔자아〕위에서 꿰어진 견고한 것들〔상태들〕은 결코 흐르는 지속을 이루지 않을 것이다. 사실상 사람들이 그렇게 하여 얻은 것은 내적 삶의 인위적 모방이자 정적인 등가물이다."[67]

베르그송에 따르면 생명은 역동적으로 진화하는 것이다. 그것은 지구상에서 태양에너지를 흡수하여 폭탄이 폭발하듯이 약동하고 창조적으로 진화한다. 그리고 그는 지성보다는 직관을 통해 생명의 유기적 전체를 잘 파악할 수 있다고 보았다. 생명의 진화는 기계론적으로 이루어지는 것도 아니고 목적론적으로 이루어지는 것도 아니라 창조적이기 때문이다. 지성은 기껏해야 기계론적이거나 목적론적 수준에 머물 뿐이어서 생명의 약동과 창조적 진화를 파악할 수 없다.

---

67) 앙리 베르그손, 『창조적 진화』, 황수영 옮김, 아카넷, 2011, p.24.

동양의 고대 의학을 집대성하여 양생의 길을 제시하는 『황제내경』은 물론 베르그송이 말하는 창조적 진화와는 거리가 멀다. 그러나 『황제내경』은 인간에게서 자아를 전혀 문제시하지 않고 직관과 본능의 측면에서 생명을 파악하려고 하였다. 『황제내경』이 생명에 접근하는 방식은 역의 형이상학이다.

　　이미 『주역』「계사전」에서는 "천지의 큰 덕을 일컬어 생명이라고 한다(天地之大德曰生)"고 하여 생명을 천지로부터 끌어낸다. 이와 마찬가지로 『황재내경』에서도 생명을 천지로부터 나오는 것으로 파악하였다. "대저 사람은 땅에서 생기고 하늘에 명을 건다. 하늘과 땅이 기를 합하여 이를 사람이라고 한다(夫人生於地 懸命於天 天地合氣 命之曰人)"(「보명전형론(寶命全形論)」). 그리하여 사람의 생명을 뭇 생명 중에 가장 귀중한 것으로 보았다. "하늘은 덮고 땅은 실으니 만물이 모두 갖추어지나 사람보다 더 귀한 것이 없다(天覆地載 萬物悉備 莫貴於人)"(「보명전형론(寶命全形論)」). 그리하여 인간이 양생하려면 천지의 법도인 음양과 사시에 순응해야 한다고 하였다. "음양사시는 만물의 시작이자 생사의 근본이니라. 이를 거스르면 재해가 생기고 따르면 중한 병이 일어나지 않는다. 이를 일컬어 도를 얻었다고 한다(故陰陽四時者 萬物之終始也 死生之本也 逆之則災害生 從之則苛疾不起 是謂得道)"(「사기조신대론(四氣調神大論)」). 사람의 생명은 천지로부터 나왔으니 생명을 기르는 길도 당연히 천지의 법도에 어긋나서는 안 될 것이다. 바로 이런 점이 서양과는 다른 동양 생명사상의 특징이라고 할 수 있다.

앞에서 보았듯이 베르그송의 생철학에서는 생명의 도약과 창조적 진화가 강조되는 반면에 『황제내경』의 생명사상에서는 자연에 순응해서 양생하는 길이 강조된다. 그러나 베르그송의 생철학은 물론 『황제내경』의 생명사상도 다 같이 인간의 생명을 가장 귀중한 것으로 간주하였다. 그러면서도 그것들은 지성과 의식을 생명의 요체로 삼지 않고 본능과 직관을 생명의 요체로 삼았다.

지성과 의식은 자아를 추구하지만 본능과 직관은 자아를 추구하지 않는다. 그러므로 생명력의 바탕은 지성과 의식이 아니라 본능과 직관이다. "본능이란 인간을 비롯한 모든 동물이 지니는 천부의 생명 보존능력이다. **본능에 오류란 있을 수가 없다.**"[68] 오늘날 사람들은 본능과 직관을 경시하고 지성과 의식을 중시한다. 그들은 지성과 의식을 중시하여 자아에 매달리고 있으니 당연히 생명력이 약화될 수밖에 없을 것이다.

---

68) 이동현, 『약손경락학』, 정신세계원, 2005, p.229.

나가는 말

본인은 태어나서 처음으로 북경을 2018년 가을에 다녀왔다. 뜻하지 않게 한중 인문학포럼에 발표자로 선정되었기 때문이다. 제4회 한중 인문학포럼의 주제는 「문화의 전승과 혁신」이었는데 본인은 「신과학기술혁명과 동서사상의 만남」이라는 제목으로 발표하였다.

논문을 발표하기 전에 미리 무아론에 대한 반발을 예상하긴 했지만 막상 발표했을 때에는 예상하지 못한 반발에 맞닥뜨려야 했다. 서양문화가 지구촌에서 강력한 영향력을 행사하고 있는 오늘날에는 서양의 자아사상도 동아시아 사람들의 고정관념으로 자리 잡았기 때문이었을까. 일반적으로 동아시아 사람들도 서양인들처럼 자아를 삶과 학문의 근거로 삼아 자아를 탐구하고 확보하려고 하고 있다고 보아야 할 것 같다. 이런 점을 잘 알고 있었지만 동아시아 전통을 계승하고 발전시키려는 학자들마저도 일반적인 동아시아 사람들처럼 서양의 자아사상을 무비판적으로 받아들이고 있을 줄 몰랐다. 상당히 놀라웠다. 이미 서양의 자아사상이 동아시아 문화의 저변에 뿌리를 내리고 있음을 새삼스럽게 확인하였다.

그리하여 사회주의국가에 살고 있는 중국 학자들도 자본주의사회에 살고 있는 한국 학자와 마찬가지로 무아론에 의문을 던지는 것 같았다. 하지만 어떤 한국 학자는 무아론에 상처를 받아 격렬하게 반론을 제기하기까지 하였다. 한편으로는, 자아에 관한 한, 동아시아 학자들도 서양문화에 깊이 빠져 있어서 동아시아의 훌륭한 사상적 전통을 경시하고 있지 않는가라는 의문이 생겨났다. 다른 편으로는, 우리가 동아시아의 훌륭한 사상적 전통을 현대적인 맥락에서 되살리지 못하여 훈고학적인 해석을 여전히 넘어서지 못한 것 같다는 생각도 들었다. 그래서 앞으로 이런 문제는 동아시아 학자들이 자주 모여 토론해야 하지 않을까 하는 생각이 들었다.

우리는 때때로 '나는 누구인가'라는 물음을 자신에게 던진다. 이 물음은 자아 정체성을 찾으려는 물음이다. 그러나 이 물음은 정답이 없으리라. 자아 정체성은 끊임없이 변화하고 고정되어 있지 않기 때문이다. 그래서 우리는 자신을 확실하게 규정하기 어렵다. 그것은 손에 잡힐 듯 말 듯 우리의 손아귀를 빠져나가 버린다.

생애 마지막에 가서도 여전히 그것은 안갯속에 있다. 그것은 결코 완성될 수 있는 게 아니기 때문이다. 아마도 그것은 애당초 두루뭉술하게 규정될 수밖에 없는 게 아닐까.

또한 우리는 좌절과 혼란의 힘든 시기에 참된 나를 찾으려고 한다. 그런데 도대체 참된 나라는 게 무엇일까? 내가 바라는 이상적 자아인가, 아니면 본래 내가 품고 있는 나의 모습인가. 만일 참된 내가 전자라면 그것은 자신에 투사해서 꾸며낸 허구, 즉 추상적 자아에 불과할 것이다. 만일 그것이 후자라면 그것은 추상적 자아가 아니라 인간이 바르고 착하게 살아가야 할 도리를 가리키는 것일 게다. 결국 참된 나란 숨겨진 보물을 찾듯이 우리가 찾아나가야 하는 것도 아니고 아무도 모르게 숨겨진 보물도 아니다. 도리어 그것은 우리가 나를 내려놓을 때 우리가 체험하는 무아의 경지가 아닐까.

서양에서는 그리스시대부터 개인의 자아, 바꾸어 말해 개인의 자주성과 독립성을 중시하는 전통이 싹텄다. 서양이 중세를 거치면서 자아는 한동안 잠을 잤지만 르네상스와 종교개혁을 통해서 서양인들은 개인의 자아와 개성을 다시 각성하기 시작했다. 이러한 각성을 철학적으로 표현한 말이 데카르트의 '나는 생각한다, 그러므로 나는 존재한다'이다. 그는 사유하는 자아를 철학의 제1원리로 삼았다. 그 이후 칸트, 피히테, 헤겔을 거쳐 20세기의 후설에 이르기까지 자아는 삶과 철학의 확고부동한 아르키메데스점이었다. 이에 따라 서양의 문학, 예술 등도 자아를 지향하기 시작했다. 따라서 서양문화는 자아를 탐구하고 확보하려는 경향이 강한 문화라고 할 수 있을 것이다.

타자의 철학이 등장하여 통합된 자아와 자율적 주체를 거세게 공격한 뒤에도 이러한 경향은 여전히 견고하게 유지되었다. 타자의 철학조차도 자아 자체를 부정한 건 아니기 때문이다. 20세기 후반에 들어서서 상호주관적 관계로 자아를 정당화하려는 흐름이 강하게 대두되었다. 이러한 흐름은 자아 정체성을 역사적이고 사회적인 맥락에서 파악하려고 하였다.

그러면 이런 경향에 대해 몇 가지 비판을 다음과 같이 정리하고 싶다.

첫째로, 서양철학의 추상적 자아는 과학적으로 증명될 수 없다. 현대 신경과학에서는 욕망중추나 기억중추와 달리 자아중추가 발견되지 않음을 밝혔다.

둘째로, 자아가 상호주관적 관계에 따라 성립된다고 하더라도 그것은 문화적으로 형성된 허구일 수 있다. 서양 이외의 어떤 곳에서도 자아 개념이 없고 자아와 상호주관적 관계란 서로 어울리는 개념이 아니기 때문이다.

셋째로, 서양철학의 자아를 확보하고 탐구하려는 경향은 나에 대한 집착을 강화하기 때문에 사회적으로나 생태학적으로 심각한 문제를 초래할 수 있다. 특히 80억의 인구가 지구촌에 모여 살면서 서로 교류하고 소통하는 21세기에 이런 경향은 경제적인 문제는 물론 생태적인 위기에 대처하는 데 큰 장애를 야기할 수 있다.

이런 여러 가지 비판에 근거해서 본인은 자아의 황혼을 지적하고 무아의 새벽을 제안하였다. 그러나 서양에서는 자아를 확보하고 탐구하려는 경향이 여전히 문화적으로 강고하고 이런 서양문화가 이미 온 세계를 장악하고 있는 게 오늘날의 실정이다. 그래서 무아의 새벽을 기대하는 일은 요원할지 모른다. 그러나 자아를 향한 서양문화의 강렬한 집착은 도리어 무아의 새벽이 동트기 위한 역사적인 준비 단계가 될 수도 있을 것이다.

그럼 우리가 무아의 새벽을 애타게 염원해야 하는 이유는 무엇일까? 그것이 지구 생태계나 인류를 위해서 좋은 길일 뿐만 아니라 동서사상의 만남을 위해서도 바람직하기 때문이다. 더군다나 그것은 21세기 인공지능의 시대에 걸맞은 길이기도 하기 때문이다.

이제 무아의 새벽은 관계의 존재론과 생명을 탐구하는 길을 열어 인간, 자연 그리고 기계가 공존공생 하는 인공지능의 시대를 살아갈 수 있는 계기를 만들어줄 수 있을 것이다. 그런 맥락에서 그것은 21세기의 요청이자 우리가 물리칠 수 없는 역사적 물결이다.

여태까지 무아라는 주제를 거창하게 살펴본 것 같다. 그러나 우리의 일상생활과 관련해서도 그것을 살펴보아야 한다. 무아는 과연 우리 일상생활에 어떤 도움을 줄 수 있을까?

첫째로, 무아의 길에 들어서면 도리어 나답게 살아갈 수 있을 것이다. 우리는 흔히 개성이 자아를 강하게 내세울 때 드러나는 것으로 여긴다. 물론 그렇기도 하지만 그런 개성은 제한되고 갑갑한 개성에 불과하리라. 나를 내세우려고 하지 않고 나를 내려놓으면 나도 모르게 자연스럽게 개성이 드러난다. 나를 내려놓으면 자신에게 잠재된 개성이 억압받지 않고 그대로 드러날 수 있기 때문이다. 이런 개성이야말로 자유스럽고 탁 트인 개성이다.

둘째로, 무아의 길에 들어서면 인간관계가 좀 더 원만해질 수 있을 것이다. 나를 내세우려는 사람들은 남의 인정을 받으려고 곧잘 남과 인정투쟁에 들어선다. 그렇기 때문에 그런 사람들은 남과 여러모로 갈등하게 된다. 그러나 나를 내려놓으면 남과 쓸데없이 인정투쟁하지 않기 때문에 남과 좀 더 잘 사귈 수 있다.

셋째로, 무아의 길에 들어서면 마음이 안정되고 행복해질 수도 있을 것이다. 나를 내세우려는 사람들은 큰 욕심은 말할 것도 없고 자잘한 욕심들도 많다. 그래서 그런 사람들은 까다로울 뿐만 아니라 만족할 줄 모른다. 그렇다면 그들이 아무리 돈이 많고 사회적 지위가 높다고 하더라도 욕심, 공허감, 시기심 등에 사로잡혀 마음이 불안하게 될 것이다. 이러한 불안한 마음은 마음의 평온과 행복으로 이어질 수 없으리라. 그러나 나를 내려놓으면 크고 작은 욕심들이 많이 사라져서 만족할 줄 알게 된다. 그러면 비록 빈천하더라도 마음도 평온해지고 행복을 느끼기 쉬울 것이다. 소소하지만 확실한 행복을 찾을 수 있을지도 모른다.

마지막으로 무아의 길에 들어서면 나를 훨씬 더 자유롭게 표현할 수 있을 것이다. 오늘날 우리는 자아를 확립하고 개성을 추구하는 서양문화의 영향으로 말미암아 나를 외치고 나를 표현하려는 욕망이 드세다. 그러나 자아를 확립하고 개성을 추구하려는 길은 도리어 나의 표현을 제한하고 나를 자아의 감옥에 가두는 길일 수 있다. 그러므로 그런 길은 나답게 살아가는 길이 아니다. 나를 내려놓으면 나에 대한 집착을 끊고 나의 좁은 세계를 떨쳐버려서 도리어 나답게 살아갈 수 있을 것이다. 그래서 역설적으로 나는 내 목소리로 외치고 나를 자유롭게 표현할 수 있게 되리라.

□ 참고문헌

高楠順次郎 [編], 『大正新脩 大藏經』 第2券, 大正新脩大藏經刊行會, 1962-69.
고회민, 『주역철학의 이해』, 정병석 옮김, 문예출판사, 1995.
기든스, 앤서니, 『현대성과 자아정체성』, 권기돈 옮김, 새물결, 2010.
김상봉, 『數易』, 은행나무, 2007.
김석진 감수, 『周易傳義大全譯解』, 대유학당, 1996.
김성동, 『4차 산업혁명과 인간』, 연암서가, 2018.
남회근, 『황제내경과 생명과학』, 신원봉 옮김, 부키, 2015.
니스벳, 리처드, 『생각의 지도』, 최인철 옮김, 김영사, 2007.
레이워스, 케이트, 『도넛 경제학』, 홍기빈 옮김, 학고재, 2018.
롤스, 존, 『정의론』, 황경식 옮김, 이학사. 2003.
마굴리스, 린·세이건, 도리언, 『생명이란 무엇인가』, 김영 옮김, 리수, 2016.
매킨타이어, 알래스데어, 『덕의 상실』, 이진우 옮김, 문예출판사, 1997.
뮬홀, 스테판·스위프트, 애덤, 『자유주의와 공동체주의』, 김해성·조영달 옮김,
   한울아카데미, 2001.
박은식, 『왕양명실기』, 이종란 옮김, 한길사, 2010.
박이문, 『동양과 서양의 만남』, 미다스북스, 2016.
법장, 『화엄경 탐현기 1』, 노혜남 옮김, 동국역경원, 2001.
베르그손, 앙리, 『창조적 진화』, 황수영 옮김, 아카넷, 2011.
샌델, 마이클, 『정의란 무엇인가』, 김명철 옮김, 와이즈베리, 2016.
샌델, 마이클, 『정의의 한계』, 이양수 옮김, 멜론, 2012.
송영배, 『동서철학의 충돌과 융합』, 사회평론, 2012.
슈뢰딩거, 에르빈, 『생명이란 무엇인가』, 서인석 외 옮김, 한울, 2001.
슈밥, 클라우스, 『제4차 산업혁명』, 송경진 옮김, 새로운 현재, 2016.

슈밥, 클라우스, 『4차 산업혁명의 충격』, 김진희 외 옮김, 흐름, 2016.

시마다 겐지, 『주자학과 양명학』, 김석근 외 옮김, 까치, 1986.

아도르노, 테오도르, 『부정변증법』, 홍승용 옮김, 한길사, 2003.

아렌트, 한나, 『전체주의의 기원』, 이진우 · 박미애 옮김, 한길사, 2006

에릭슨, 에릭, 『유년기와 사회』, 송제훈 옮김, 연암서가, 2014.

에릭슨, 에릭, 『청년 루터』, 최연석 옮김, 인간사, 1982.

エリク エリクソン, 『アイデンテイテイと ライフサイクル』, 西平 直, 中島
　　　田恵 訳, 誠信書房, 2013.

왕양명, 『전습록』, 정인재 역주, 청계, 2001.

원오극근, 『碧巖錄』, 석지현 역주, 민족사, 2007.

윌책, 프랭크, 『뷰티풀 퀘스천』, 박병철 옮김, 흐름, 2018.

이능화, 『조선도교사』, 이종은 옮김, 보성문화사, 1977.

이동현, 『약손경락학』, 정신세계원, 2005.

일본경제신문사, 『AI 2045 인공지능 미래보고서』, 서라미 옮김, 반니, 2018.

장회익, 『생명을 어떻게 이해할까?』, 한울, 2014.

주희, 『論語集註』, 성백효 역주, 전통문화연구회, 2016.

주희 · 여조겸 편저, 『근사록집해 1』, 이광호 역주, 아카넷, 2004.

조흥길, 『나를 향한 열정』, 한국학술정보, 2017.

테그마크, 맥스, 『라이프 3.0』, 백우진 옮김, 동아시아, 2017.

테일러, 찰스, 『자아의 원천들』, 권기돈 외 옮김, 새물결, 2015.

헤겔, G. W. F., 『정신현상학』, 임석진 옮김, 한길사, 2005.

호네트, 악셀, 『인정투쟁』, 문성훈 외 옮김, 사월의 책, 2011.

호네트, 악셀, 『정의의 타자』, 문성훈 외 옮김, 나남, 2009.

호르크하이머, 막스 · 아도르노, 테오도르, 『계몽의 변증법』, 김유동 옮김,
　　　문학과 지성사, 2001.

홍원식 옮김, 『黃帝內經素問』, 전통문화연구회, 2003.

Arendt, Hannah, *The Origins of Totalitarianism*, Schocken Books, 2004.

Chang, Garma C. C., *The Buddhist Teaching of Totality*, Pennsylvania
　　　State University, 1991.

Erikson, Erik H., *Identity and the Life Cycle*, International University Press, 1959.

Felluga, D. F., *Critical Theory*, Routledge, 2015.

Hegel, G. W. F., *Frühe politische Systeme*, Ullstein, 1974.

Hegel, G. W. F., *Wissenschaft der Logik I · II*, Felix Meiner, 1975.

Honneth, A., *Das Ich in Wir*, Suhrkamp, 2010.

Kolakowski, L., *Main Currents of Marxism*, trans. by P. S. Falla, Oxford University Press, 1981.

Lukacs, G., *History and Class Consciousness*, trans. by R. Livingstone, MIT Press, 1971.

MacIntyre, Alasdair, *After Virtue*, University of Notre Dame Press, 2007.

Marx, K., *Capital 1*, trans. by B. Fowks, Penguin Books, 1976.

Sandel, M. J., *Liberalism and the limits of Justice*, Cambridge University Press, 1998.

Schmitz, V.(ed.), *Axel Honneth and the Critical Theory of Recognition*, Palgrave Macmillan, 2019.

Theunissen, M., *Sein und Schein*, Suhrkamp, 1978.

조흥길

부산대에서 박사학위를 받았다.
저서로는 『욕망의 블랙홀』, 『헤겔의 사변과 데리다의 차이』, 『헤겔, 역과 화엄을 만나다』, 『나를 향한 열정』이 있으며 역서로는 『기독교의 정신과 그 운명』이 있다. 현재 동서사상의 대화와 만남에 관심이 많다.

무아의 새벽

초판인쇄 2019년 12월 11일
초판발행 2019년 12월 11일

지은이 조흥길
펴낸이 채종준
펴낸곳 한국학술정보㈜
주소 경기도 파주시 회동길 230(문발동)
전화 031) 908-3181(대표)
팩스 031) 908-3189
홈페이지 http://ebook.kstudy.com
전자우편 출판사업부 publish@kstudy.com
등록 제일산-115호(2000. 6. 19)

ISBN 978-89-268-9744-7 03110